片山杜秀

平成精神史

天皇・災害・ナショナリズム

GS
幻冬舎新書
525

平成精神史／目次

第三章 花開く刹那主義 ――災害とニヒリズム（上） 61

第六章 終わらない冷戦 ——平成ナショナリズムの正体(下) 169

第九章 マルクスを呼び戻せ！ ——人間不要のＡＩ資本主義 251

第一〇章　北一輝と麻原彰晃の奇妙な符合
――瓦解する戦後民主主義　283

構成　斎藤哲也
DTP　美創

第一章　平成二八年夏の「革命」

――「平らかに成る」に秘められた思想（上）

「元号」で時代を論じる意味

「天皇の退位等に関する皇室典範特例法」が二〇一七（平成二九）年六月一六日に公布されました。第二条は「天皇は、この法律の施行の日限り、退位し、皇嗣が、直ちに即位するものとする」。その後、退位日は二〇一九年四月三〇日と決まりました。世の中、何が起きるか分かりませんが、今のところ平成は三一年で区切られると予測されます。西暦で言えば一九八九年から二〇一九年まで。と、終わりは予測できるのですけれど、平成の始まりは計画的に予定されていたとは言えません。一九八九年の始まりは言わば偶然ですね。昭和天皇の崩御によって昭和は終わり、平成が始まりました。人の生き死にで元号は変わるもの。これは原則として予定できません。人の寿命は神秘的なものですから。生きていると思ったら死ぬ。死ぬと思ったら生きている。元号は寿命に連れ、寿命は元号に連れ。国家の仕掛けとしてなかなか不思議です。

この仕掛けは一世一元の制と呼ばれます。天皇一世に元号ひとつですね。明治維新とともに仕掛けられました。しかも天皇の一世を天皇の崩御と一体化した。生前に位を退き、生きながら上皇になることは禁じ手とされた。明治政府の独創と言ってよいでしょう。と言うか、天皇が譲位する初めは七世紀の皇極天皇ですから、それより前のいにしえに戻ったと言うべきかもしれません。明治維新は王政復古。戻り先は古ければ古いほどよい。そして明治政府は元号も天皇一代にひとつと定めた。

その前は時代の空気を改めるために、どんどん変えていました。幕末にはしょっちゅう変わっていた。ペリーの黒船が来航したときには嘉永。それから安政、万延、文久、元治、慶応、明治。ペリー提督率いる米国艦隊が浦賀に来てから明治の新政まで、たった一五年ですよ。平成の半分しかない。そのあいだにそれだけ変わっている。元号は世が混乱すればするほど、それを鎮めようとして変わる。天皇はその間、ほとんど孝明天皇です。元号はおまじないみたいなもので、効かないと次のカードを切る。だから激動期には天皇の代替わりと関係なくどんどん切り替わる。天皇が代わると、元号も新帝即位の翌年くらいに変えることは多いのですが、それはいつもリンクするものでもない。江戸時代の初め、後陽成天皇から後水尾天皇に代わっても、元号は慶長のままでしたし、後水尾天皇から明正天皇に代わっても元号は寛永のままでした。一世一元は日本の長きやり方とはやはり違うものと言ってよいでしょう。その違うやり方を明治政府は革命的に定めた。

そのこころは、天皇と国民の一体化をはかるとしか言いようがないですね。天皇の寿命で定められた時代を、すぐ終わるのか何十年も続くのか人間にははかりがたい神秘的時間を、元号とともに体験する。これが一世一元の元号マジックですよ。天皇と国民が、元号を通じて自ずと運命共同体の意識を持ち、ひとつの時代を生き、それが終わると、「ああ、明治が、大正が、昭和がなつかしい」と言って、天皇が好きとか嫌いとかを超えたところで、元号で時代の性質を回顧し把握しようとして、それがいつも何となく当たり前と思って、一生を終えてゆく。明治っ子とか大正っ子とか昭和一桁とか、世代論も元号です。「昭和の戦争」とか言いましてね、戦争も元号です。「大正デモクラシー」とか言いましてね、民主主義も元号です。こんなに何でも元号で宜しいのでございましょうか。そのくらい元号尽くしでございます。

そして元号は一世一代の上御一人（天皇のことですけど）の寿命と一体のもの。そこは一九四五（昭和二〇）年という大きな区切りを超えて一貫しました。明治より前の感覚だったら、天皇は代替わりせずとも、一九四五年の敗戦で元号だけは変わったでしょう。でも一世一元は守られた。国体の護持です。この場合の国体とは国民体育大会ではなく国家の根本性質、日本の国柄ですね。明治憲法から戦後憲法に切り替わっても、崩御を伴わねばならないかたちの一世一元の制は、戦前から戦後へと不変不動でした。その意味では明治から平成まで国体は一貫しておりました。

ところが平成の今上天皇は、この仕組みを見事な論理構築で、従来の一世一元の仕掛けを破って、生きながらにして退位され、皇太子に位を譲られるご意向を示され、それに沿った新しい法律も制定されました。要するに平成の期間は、昭和天皇の寿命と、それから今上天皇の寿命ではなく意志によって、画され定まる時間の長さということになります。始まり方は明治以来の定め通りであったけれども、終わり方は定めを打ち壊す極めて新しい元号ということですね。

ということで平成の三〇年を考えてみようと言うとき、それは西暦で言うと一九八九年から九〇年代、二〇〇〇年からのゼロ年代や一〇年代と重なるのですが、では平成回顧は九〇年代論やゼロ年代論と同じことかと言うと、同じであってはわざわざ平成とうたう意味がないでしょう。西暦で呼べばいい時代を、日本の話が中心だから便宜的に元号で呼んでおきますと言うのでは、天皇陛下に申し訳ございません。西暦と異なる元号の区切りで論じる意味は、天皇の存在を意識することからしか、結局は出てこないでしょう。そこでこれから、天皇のありようを時代の表か裏か、常にどこかしらに意識するつもりで、平成の世を、幾つかの切り口から見ていこうと思います。

むろん、平成は、明治憲法体制の時代のように、天皇のありようが表立って国家社会を律していた時代ではありません。その意味で天皇と結びつけて論じれば世の全体が現れてくるなどということにはなり得ないでしょう。とはいえ、たとえば、今上天皇の戦後民主主義への思いや、被災地・被災民との向き合い方等々が平成を特徴づけ、時代の軋み（きしみ）とスパークしてきたということは間違いないですし、その果てに二〇一六（平成二八）年夏の天皇の「お気持ち」の表明が来て、平成という元号を終わりに向かわせたということも事実です。

ならば、やはり天皇抜きに平成を語ることはできないのではないか。単にそういう元号のときにあんなこんながありましたという以上の意味を、平成から引き出せないか。そんなつもりで論じていければと思います。

「平成」を考案したのは誰か

さて、最初に切り口にしたいのは、平成なる元号それ自体ですね。何しろ平成を論じようというのですから、この二文字を取り上げないで先にいきなり行っても、どうにも地に足が着きませんでしょう。平成の前の昭和は六四年目に入った途端に終わりました。昭和六四年、西暦では一九八九年の一月七日に昭和天皇が崩御し、皇太子明仁親王が天皇に即位。そして翌八日、元号も平成に改まりました。

この元号を誰が考案したのか。正式には明らかにされていません。しかし、何となく世に伝えられたところで「平成」の命名者と最初に言われたのは安岡正篤（まさひろ）でした。

安岡は、「歴代首相の指南役」「昭和の黒幕」などと呼ばれ、政財界に多大な影響力を誇った人物です。最晩年には、占星術師の細木数子と浮き名を流して、写真週刊誌や女性週刊誌を賑わせたこともありました。その安岡が実は平成の考案者ではないかというニュースが、平成になってすぐに流れました。朝日新聞にその種の「憶測記事」が出たのは改元して一週間ほどの一月一四日。読売新聞も一月一六日に後追い記事を載せました。新元号には「安岡の影が色濃」いようだと書いてある。朝日も読売も、あくまで風聞や推測の域を出ないように上手に作文していますが、共に読者が安岡の命名と決めてしまいたくなるような書きっぷりだったには違いありません。私は当時、安岡をテーマに修士論文を書いて間もない頃でしたし、幾分興奮致しましたね。

この改元のときの総理大臣は竹下登ですけれど、平成が幕を開けてすぐ、竹下内閣はリクルート事件で倒れます。その後、一九九〇（平成二）年の一月に竹下登が講演会で新元号に触れ、安岡の名を出しました。このときの竹下元首相の発言は、候補を「安岡先生をはじめ、多くの学者の方に作っていただ」いたというもので、平成と安岡を結びつけて確言するものではないのですが、とにかく出てきた具体的人名は安岡だけ。思わせぶりですね。この竹下発言が「安岡命名説」を広めるのに決定的役割を果たしたと思います。

もちろん新しい元号の有力候補は他にもありました。最後に残ったのは「平成」「修文」「正化」で、この三案が政府の「元号に関する懇談会」で議論され、全員一致で「平成」に決まったと言います。このうち「修文」の提案者は中国文学者の目加田誠（めかだまこと）、「正化」は国語学者の宇野精一だったという説もありますね。元号は縁起物ですから、昭和天皇の崩御よりも先に物故した人々の案は、縁起がよくないということで、取り下げられてしまったとも言われます。
が、そうだとすると、安岡正篤説はそもそも怪しい。安岡は、一九八三（昭和五八）年一二月に亡くなっていますから。でも他に有力な名前が出ないまま長い歳月が経ってゆき、平成二〇年代に、新たにして有力な説が当事者から出されました。大蔵官僚出身で、改元時の竹下内閣で内閣官房の内閣内政審議室長としてまさに改元に関する事務を担当していた的場順三が、安岡の話は間違いで、東洋史学者の山本達郎（たつろう）が平成の真の考案者だったと証言し出したのです。普通に考えればかなりの信憑性がある。

ところが「安岡考案説」はどっこい生き残る！　安岡の「平成」は彼の逝去によりいったん取り下げられ、あらためて山本が同じ案を再提出したという。安岡シンパとしては平成は安岡の命名であってほしいのです。そこで典型的な「ああ言えばこう言う」の展開となる。真相は「藪の中」。とはいえ、安岡正篤と山本達郎という名前が「平成の名付け親」として出てくるところに面白みと言いますか、歴史の妙味があるとは思うのです。

安岡正篤の「錦旗革命論」

まず安岡のことです。「平成」は、司馬遷『史記』の「内平外成（内平らかに外成る）」と、五経のひとつ『書経』の「地平天成（地平らかに天成る）」の二つを出典にして、共通する

「平ら」と「成る」の二文字を取ったものだとされています。この「平らかに成る」というのが、安岡正篤の思想によく通じる。平成の二文字の組み合わせは、実際はともかく、日本の近代の思想家たちの中では特に安岡っぽいのです。

安岡正篤は、一八九八（明治三一）年、大阪の船場のあたりに生まれました。第一高等学校から東京帝国大学法学部政治学科へ。本人の志向は政治哲学だったと思います。しかし、東大法学部の西洋近代の学問を主とする講義を快く思わず、学生時代から雑誌に、東洋思想研究、随想の類を寄稿するなど、独学者然としたふるまいが目立っていました。北一輝や大川周明を知り、右翼思想団体、猶存社（ゆうぞんしゃ）の同人になったのも若いうちです。

安岡はもともと、漢文、漢籍、中国思想に親しんでいて、在学中から東洋的価値の再評価をはかる論客として名が通っていました。北や大川はその博識に惚れ込んだわけです。大学卒業後は、文部省に入りましたが、役所で上司に使われるのは自分に似合わないと、すぐ退いた。その後は、ひたすら漢籍に親しんで、西洋近代批判の論客として、カリスマ的な存在になってゆき、一九二七（昭和二）年には金雞（きんけい）学院という私塾を創設します。その顧問には、当時の著名な官僚や軍人が名を連ねた。大学を出てわずか五年で、日本のエリートたちの心の師になっていたわけです。

この時期の安岡の代表的な著書に、『天子論及官吏論』があります。この中で披露されている「錦旗(きんき)革命論」こそ、安岡の政治思想のエッセンスと言えるものです。

「錦旗革命論」とはどのような革命論か。孟子は「易姓(えきせい)革命」の価値を積極的に認めた。中国においては、天意は天子たる皇帝によって具現される。しかし、天意を代表していると言えないような徳のない皇帝が現れ、悪政を行ったときには、天命が革(あらた)まり、他姓の有徳者が新しい天子となって王朝は交代する。孟子は、中国で繰り返される王朝の交代をこのように説明しました。

一方、日本の場合は？　この国に王朝の交代はなぜか起きなかった。万世一系の天皇が覆らずに神話時代から現代に至っている。足利尊氏、織田信長も朝廷を倒さなかった。安岡は、この歴史的事実、及び日本の未来もこの事実の延長線上にしかないという政治的信念に立脚して、「天＝天皇」という等号が日本では絶対的に成立していると理解するわけです。この立場からすると、革命が天意の発動として起きるとすれば、天意を代表できる者は日本の歴史の場合、天皇しかいないのだから、日本で革命を起こせる主体は天皇だけになる。

安岡は述べます。「其の革命は誰の手より発するか。——天子の真義より観ればこの革命を行はしめたるもの是れ即ち天子である。生の飛躍、更生はやはり『我』の作用なるが如く、革命は天子の作用である」（『天子論及官吏論』）。

個人の生の飛躍は自分の真の意志の発動によって以外に起こらない。それと同じく日本国家の飛躍は天皇の真の意志の発動によって以外に起こらない。つまり天皇自身が立ち上がって自ら声を発する。それ以外に日本で革命は起きない。「玉音放送」とか、そういう特別なかたちでしょう。そうやって天皇が革命を起こすと積極的に表明せぬ限り、日本で革命は起きないし起こしてもいけない。これが、「錦旗革命論」の骨子でしょう。

　錦旗革命というと、錦の御旗を立てて天皇を御輿に乗せて下々が勝手なことをしていいように思えるのですが、あくまでそうではない。「錦旗革命論」からすれば、北一輝のように、天皇の名を借り、下々が下々の理想を実現しようと企てる御輿を担ぐ革命は、邪ということになる。旗は天皇自身が立てる！　それだから安岡は、北とも大川周明とも袂を分かつのですね。

　とにかく革命は天皇本人の号令によって起きるということは、それはつまり下々にとっては、世の秩序を大胆にひっくり返すのは禁じ手ということになります。「錦旗革命論」と言うと何だかものすごく革新的な思想のようだけれども、中身は、天皇が起こすと言わない限りは日本では革命は不可という議論と考えてよいと思います。錦の御旗を立てられるのは天皇本人だけ。下々にとっては事実上の革命不可能論なんですね。

「徹見」こそが天皇の官吏の道

　では、下々は何をすればいいのか。天皇が大号令をかけない限りは、ひとりひとりは高い倫理観を持って、現在の秩序の維持を重視するということになる。みんなが高い政治的モラルを持ち、今の世の中を、どんなに危機的事態が訪れようと根本から仕組みを変えようなどとは決して思わず、ひたすら維持しようと一心不乱に努める。そうすれば大丈夫だ。

言葉遊びと言えば言葉遊びですが、革命は維新とは違うのです。革命は命を革める。根本を変えてしまう。維新も同義とも言えますが、維新の維は纖維の維でしょう。糸や綱ですよ。つないで結ぶものです。つないで結ぶ役割を果たすものを更新してゆけば、秩序はそのままで清新さが保てる、というのが維新とも言える。そうすると既成秩序が危機を乗り越えて平らかに保たれるのです。革命とは違います。維新をきちんとやると常に「平らかに成る」。平成であります！　安岡の考えた大正維新や昭和維新とは、平らかに保てるようにつなぎ目を新たにすることで、資本主義をやめるとか国家の価値観を変えるとか、そんなこととは何の関係もない！

では、安岡の考える綱や紐や糸とは、何と何をつなぐのか。上と下です。天子と民です。天子と民をつなぐのは誰か。官僚なんですね。だから安岡の主著も『天子論及官吏論』なのです。官吏が重要です。明治国家では官吏は天皇によって任命される。ここに、明治国家体制において立法部よりも行政部が優位すると考える根拠もあります。天皇が任命している官吏のほうが、国民が選挙で選んでいる衆議院議員よりも高位にある、というわけです。だって天皇中心の国なのですから。民選の議会よりも天皇の官吏のほうが天皇に近いという理屈です。

したがって、国家の繊維としての官吏が天意を民にきちんと伝え続けて秩序を守り抜ければ、いつも「平らかに成る」。では官吏はどうやって天意を聞くのか。天皇親政でいつも官吏に天皇が直接命令するのなら簡単です。しかし毎日「玉音放送」はありません。日々の政治的課題について、天皇がいちいち自分の意志を明確に表明することは明治憲法体制の慣例としてありません。憲法上は、天皇はいろいろと命令することはできますが、もしもそのように天皇親政をやってよくない結果が出た場合には、天皇の責任問題が生じてしまう。

第一次世界大戦時、ロシアやドイツやオーストリアでは、皇帝が自らリーダーシップをとって戦争をやってうまくいかなかったがゆえに、ついに革命を招きました。明治維新の元勲たちは、天皇がそのような立場に追い込まれることを何よりも恐れた。後醍醐天皇が拙いリーダーシップをとって足利尊氏が出てしまったようなことを、明治維新が繰り返してはならない。天皇が追い詰められないためには、天皇はなるべく自らの意志を隠して黙っているのがよい、強引に国を引っ張るのは最後も最後の手段である。「よきにはからえ」というかたちで、君臨すれども統治せずのスタイルが旨とされました。

だとしたら、天皇の官吏は天皇の声を聞くことができない。声は普段は発されないわけですから。自らの意志を発動しない、虚無というわけですから。天意はブラックボックスだ。「革命しろ」と声を上げないときは、天皇はいつも黙っているものだ。はて、困りました。それでは維新ができない。いつも平らかにしておくことができない。そこでの答えはひとつしかない。聞けない声を聞くのです。

安岡は「徹見（てっけん）」という言葉を使いました。官吏は、物言わぬ天皇の意向を徹して見るのです。私が中学生のとき、学校の幾何の先生がこう言いました。「図形を見つめなさい。見えない線が見えてきます」。同じ要領ですよ。聞こえない声が聞こえてくる。革命のときは天皇が本当に声を発することになっていますし、そうでないときは天皇は「国の仕組みを維持して平らかに成せ」としか言っていないはずですから、その価値観を踏み外さぬように、物言わぬ天皇のそのときの声を徹して見る。いや、徹して聞いて、国が平らかに成るための正しい判断と行動を不断になさねばならない。革命ではなく維新。劇的変革でなく平らかに平らかに。天皇の官吏の道ですね。

知行合一を日々実践せよ

はて、天皇の官吏は——むろんそこには軍人も含まれますが、何しろ天皇の軍隊ですから——どうすれば天皇の心を徹して見て、天皇の声を徹して聞くことを、間違えずにやり続けられるのか。天皇の意志を徹見する能力を身につけるために、安岡が拠り所としたものが陽明学です。陽明学は「知行合一」の学問として知られていますね。

知行合一とは何か。陽明学には「良知」という概念があります。良知とは、心に備わっている真理や善を知る働きや能力のことです。つまり、良知によって真理や善を知り、それと行為を重ね合わせることが知行合一ということです。

陽明学は、明の時代に王陽明が、宋代に成立した朱子学に対する反発として始めたものです。陽明学も朱子学も儒学ですよ。孔子の思想が儒学になって、と言っても孔子は自ら著作を遺さなかったと思われ、弟子の書き留めた、あの薄い『論語』しかありませんので、解釈次第で幾らでも分派して、ナントカ学、カントカ学と枝葉が育ったのですけれども。朱子学を始めた朱熹（しゅき）は、人間の本性にはもともと理が備わっているが、情が邪魔をしてたくさんの過ちをおかしてしまうと考えた。情というより気と言うんですが。そこで誤らないためには、外にある事物に備わっている理を窮めなければならない。だから朱子学の場合、理を窮めるために、物を学ぶことに向かうわけです。

王陽明は、この朱子学の教えを真に受け過ぎたのかもしれません。物に理がある。どんな物にも理があるという。ならば、竹にもあるだろうと思って、竹の前で七日七晩座ってみたけれども、まったく竹の理が分からず、頭に来てしまった！　そうして朱子学に批判的になり、陽明学をつくりあげていくのです。

今触れたように、朱子学の場合、人間の判断力には留保がつきます。人間は情や気分に邪魔されて、判断を誤ることがある。言わば自己懐疑の契機が、朱子学の思想にはあるわけです。自信を持って物事をなしにくい、よく理を窮めてからでないと何もできないと言っているうちに寿命が来てしまう。窮理、窮理と悩んでいるうちにあの世に行ってしまう。朱子学にはそういうところがある。

対して陽明学では、人間の判断力はストレートに真理と結びついています。真理は自分の中にあるのだから、それを行動によって明らかにすればいい。ですから、陽明学の知行合一は、自分の外側にある事物を経由せずに、真理に到達できるという理屈になっているわけです。極端化すると、自分の行いは良知の実践だから、行動即正義、行動即窮理、行動即真理開顕(かいけん)、てなところがあるわけでございますよ。

安岡正篤は、この陽明学の理屈を、天皇中心の近代日本の官僚国家にあてはめようとしたのですね。天皇は天意そのもの。正義であり常に正しい。でも極限的な革命のとき以外は、正義の内容をいちいち教えてくれない。黙っている。天皇は自らの意志を表明しない。それでも天皇の官吏は天皇の声を聞かないと仕事にならない。自分の心の内に天皇の声を聞かなければいけない。つまり安岡流の「陽明学的な天皇官吏の倫理学」といったものでは、自分の内にある真理を徹見する能力や道徳律がそのまま「天皇＝天」と予定調和的に重なることにされている。

と言っても、天皇の官吏になれば、瞑想でもするとただちに天皇の声が内からわき起こってくるというわけではありません。それではオカルトでございます。安岡の学問は神秘思想ではございません。そうではなくて、儒学の勉強をよくよくして、天意とはどういう性質のものかをよく知り、国家や社会の安寧と調和の意味を極め、今のかくかくしかじかの情況ならばいかなる判断を求められるのか、よく応用が利くような教養と人格を身につけなくてはならない。そのためには安岡先生に中国の古典を学んで、それを日本的に応用するためのスキルを身につければよい。

そんな理屈になって、大勢が安岡の弟子になると日本がうまくゆくと話が飛躍して、天皇の官吏が大勢、安岡の門を叩いた。その流れが戦後も続いたから、安岡は「歴代首相の指南役」となり「戦後政財界の黒幕」と称されるまでになった。本当かどうかはともかく、国家の真実の意志、すなわち日本の場合は「天皇＝天」の中身を徹見できる気になれれば、これは為政者、指導者としてはとても気持ちがよい。それでも分からないときは、安岡先生に相談できる特権を持つ弟子になれれば、いつも頼れるもののある心持ちになり、落ち着いてたいへんよい。そういう積み重ねで形成され続けたのが、安岡の人脈というものですね。

とにかく、いざというときは真意を徹見できるとの確信を持って、天皇の僕（しもべ）たる日本人誰もが知行合一を日々実践すれば、世の中はずっと平らかな状態が保たれる。共産主義や北一輝的な国家改造のように、乱暴に革命を計画したところで、それは理にかなわない。邪です。常にわが心の内なる良知を信じ、その良知は日本では天皇の声に他ならず、その声を正しく聞ければ、明治維新によって成立した天皇中心の近代日本を劇的にいじらず、「平らかに成る」ことを不断に実現してゆける。安岡は、陽明学を武器にして、大正時代からこういう理屈をずっと唱え続け、官僚や軍人、さらには官僚出身の政治家、有名どころでは運輸官僚出身の佐藤栄作や大蔵官僚出身の池田勇人や同じく大平正芳、あるいは内務官僚出身の中曽根康弘らを心服させたのです。官ではなくて民の立場だけれど、官僚に負けず劣らず国のことを考えているつもりの財界人たちも、安岡に教えを乞うてゆきました。

「天皇の声」になった安岡の言葉

そうやって歴代の総理大臣の心の内にまで入り込み、彼らの師となった安岡ですが、彼の理屈だと、日本国家の究極の声は、もちろん天皇の声であって、下々が徹見するレベルではいよいよ済まなくなってくると、天皇のお言葉が発せられる。普段の詔勅（しょうちょく）のようなかたちで、内閣が天皇の言葉を実質的にかたちづくって文案を纏（まと）め、天皇が「よきにはからえ」でその言葉が天皇のそれとして発されるうちは、まだ徹見の範疇ですが、非常事態にはそこを飛び越して天皇自身の生の声が発されることがありうる。表だって発されなくても厳然たる内意として伝達されることもありうる。そのときの天皇の本当の言葉次第では革命的な事態も起きる。そこが安岡のコントロールの利かない領域です。

安岡が幾ら総理大臣を指南しても、その上から言葉がきてしまうときには、安岡も無力な立場に甘んじざるを得ない。天の言葉は操れないと思えば、それでいいという理路の展開になるとも考えられますが、教えたい人、安岡としてはそれではちょっと気分が悪いかもしれない。安岡は戦後、師友協会という組織を作り、それを全国的に張りめぐらします。師友の〝友〟は弟子のこと。安岡に教えを受ける政財官界の人々が友。師は安岡。しかし師は単なる師匠という意味にとどまらない恐ろしい漢字です。皇帝を教え導く国の師という意味合いが、師友の〝師〟には入ってくる。

私は、安岡の師としての欲求は、どうしても天皇の師になるところまで行かなければ気が済まなかったと思うのです。そうでないと、「錦旗革命」のときに示される天意に参画できないでしょう。天意の中身をつくることに関与するなんて下々としては畏れ多くてあり得ないと思うのもひとつの筋ですが、儒学が孔子以来、皇帝の師たる儒学者のありようを想定してきた面のあることを考えれば、いざというときの革命の方針を天皇に伝授する師がいてもおかしくないとは言える。

安岡はそれを意識して行動していたと思います。のちの昭和天皇を皇太子時代に教育する役に就く可能性も安岡にはあった。そういう時期がありました。しかしそこまでにはついに至らなかった。まだ安岡が若過ぎた大正の終わりの頃の話ですから、本人が遠慮したところもあったでしょう。あとから考えれば二度とそこまでの機会はなかったのですから、それは安岡の人生における、最大級の挫折なのでしょうね。

ですがその後、安岡は、天皇に近しい、いわゆる宮中グループの筆頭格の牧野伸顕とは密接な関係を保ちました。間接的ながら天皇につながるパイプをつくった。そして安岡の人生のうえでの最大級のトピックも、この天皇の声に生々しく関わる部分で起きました。終戦の詔書の添削です。一九四五（昭和二〇）年八月一五日の「玉音放送」の原稿です。その原案になかった文句を安岡は幾つか書き加え、結果、採用されて「天皇の声」になった言葉もありました。安岡の言葉が天皇の言葉になった。日本を動かす言葉になった。これはもう安岡の人生のクライマックスですね。

さて、「玉音放送」に活かされた安岡の作文で最も有名な箇所と言えば？「万世の為に太平を開かむと欲す」でしょう。天意を徹見する天皇の官吏たちが天皇制国家の秩序を粛々と守り続ける国、日本。平らかに成る。太平！平成の二文字にもフィットする安岡の鍵概念が天皇の声になり、そこから戦後の平和主義国家、日本が始まった。平和を希求する天皇の声は戦争国家日本を転生させた。安岡流に言えば、「玉音放送」は戦後日本を切り開く錦旗革命でした。

平成という元号が決まったとき、多くの年配者が連想したのも「万世の為に太平を開かむと欲す」でした。だから平成元年一月一六日の読売新聞の記事もこう書かれたのです。

「新元号『平成』が発表され、『国の内外にも天地にも平和が達成されるという意味』との」竹下首相の談話が「伝えられた時、安岡とゆかりのあった学者、政治家の胸には、安岡の影が去来した」。「『万世のために太平を開かんと欲す』と首相談話を重ねて考えたからだ」

まさに平らかに成るのをよいとする思想の伝道者、安岡正篤の面目躍如です。しかし、その平成も平成二八年夏の今上天皇の「玉音放送」をきっかけとして終焉に向かっている。これは新たな「錦旗革命」だったのかもしれません。

第二章　未完の平成

――「平らかに成る」に秘められた思想（下）

もう一人の命名者・山本達郎から山本達雄へ

「平成」という元号の提案者にこだわって、平成について考えてみようということでお話しさせていただいています。昭和から平成への改元時の首相、竹下登の片言隻句（へんげんせっく）から、安岡正篤こそが命名者との説が生まれ、流布して大きく広がった。しかし、それが改元時の内閣官房内閣内政審議室長で、まさに改元問題を担当していた的場順三の証言によって覆った。安岡でなく山本達郎が命名者だと、的場は述べています。事を掌握していた官僚自らが言うのですから、安岡説よりも山本説のほうを有力とするのが常識的判断でしょう。とはいえ、安岡の政治思想があまりに平成の二文字と共振するので、事の真偽はともかく、安岡説の広まったこと自体に歴史的な含蓄があると思います。するともう一方の山本説からは、平成の二文字に因む何かが描けるでしょうか。

山本達郎は一九一〇（明治四三）年の生まれ。父は松村真一郎。高級官僚で、農商務省や内閣法制局に勤め、一九三三（昭和八）年に退官すると、貴族院議員になりました。高級官僚として位を極めた人と呼べるでしょう。戦後は参議院議員にも当選しています。その子である山本達郎は東京帝国大学で東洋史を学び、母校の教授を長く務めました。東洋史というと、日本の大学でも西洋の大学でも中国史がやはり本流でしょう。けれど山本達郎は、東洋史でも南方史で、しかも安南史なのです。ヴェトナムですね。

山本達郎は一九三〇年代からその道の専門家としてキャリアを積んでゆきます。この国は一九三六（昭和一一）年の広田弘毅内閣から「南進」を国策に掲げますし、東大でも東南アジア史が重視される傾向にあるときに、学者としての山本達郎は登場したわけです。安南は中国と関わりが深く、漢字も使用し、儒教文化圏の一翼を担った歴史がありますが、漢字の咲き匂う中華の国ではありません。安南史の山本達郎に、漢字が命の元号の考案が依頼されたとすれば、依頼する側に従来の常識にとらわれない自由な発想があったと考えてもよいでしょう。

ところで、その山本達郎の父は松村真一郎だと触れました。姓が違います。母方の家に養子に入ったからです。松村真一郎の妻の旧姓が山本なのです。松村達郎はその山本家を継ぐことになり、達郎の母の父、達郎にとっての祖父になる山本達雄の養子になりました。たとえば政治家の平沼赳夫（たけお）は実の曽祖父の弟の平沼騏一郎の養子であるとか。よくある話です。

そして平成のことを考えるとき、どうしても触れたくなるのは、この山本達雄のことなのです。東南アジア史を専門とする山本達郎の学問からは、特に平成という時代を暗示する事項は、私には見つけられません。しかし、祖父であり養父の山本達雄は、平成という時代を振り返るとき、ついつい思い起こしたくなる人です。

平成は振り返ってみるとやはり経済の時代でしょう。というか、慢性的な経済危機の時代と言うべきでしょうか。バブルの崩壊。それをどう建て直すか。高度成長の夢の再現まで狙って、大胆な経済政策がとられる。ひとつは、小泉純一郎政権に象徴される新自由主義的路線。民間にできることは民間へ。小さな政府が理想。政府は経済に積極介入することを潔しとしない。指南役としてはたとえば竹中平蔵のような人がいました。もうひとつは、安倍晋三政権の推し進めた大規模金融緩和等により円安や物価上昇を誘導する路線。指南役としてはマネタリズム系統の浜田宏一のような経済学者がいました。あるいは指南役兼実行役として日本銀行の黒田東彦総裁（官僚）や岩田規久男前副総裁（学者）のような人が。そこにはお金を市場にジャブジャブと供給すればよいという話だけでなく、積極財政の思想も入ってくるでしょう。

そういう平成の経済史を思うとき、連想され引用されてくる名前は、しばしば高橋是清と井上準之助。どちらも日本近代の大物財政家です。そして、この二人に比べれば知名の士ではないかもしれないけれど、高橋と井上に被さるように歴史的に存在した大物が山本達雄。そう考えています。山本達雄の人生から平成が見えてくる。そんなところがあると思うのです。しかも、山本の経済思想とは、日本の身の程を弁え、やるときはやるが、無理はしたくないという思想ではないでしょうか。その意味では背伸びをせずに平らかに成りたいタイプなのです。高橋や井上よりは一段おとなしく、理想を信じ過ぎず、夢を追い過ぎない。その辺りに山本の真骨頂があるでしょう。その山本の孫にして養子が平成の命名者であるとしたら、やはりそこに歴史の含蓄があります。

日清戦争と山本達雄の大博打

山本達雄は一八五六（安政三）年、豊後の臼杵(うすき)藩士の家に生まれています。幕末の開国期ですね。一二歳の年が明治維新。侍は特権を失い、山本の家も貧しく、彼は立身出世を目指して福澤諭吉の慶應義塾に学びますが、学費が続かず、三菱財閥の経営する三菱商業学校に転じて苦学。商業数学や簿記を習って無事卒業。岡山や大阪の商法講習所で教えた時期を経て、何しろ三菱の学校の卒業生ですから収まるところに収まって、郵便汽船三菱会社に勤務。そこで三菱の幹部、川田小一郎に認められ、ついに出世街道に乗ります。郵便汽船三菱会社の後継会社になる日本郵船の東京支店副支配人等を経て、一八九〇（明治二三）年、日本銀行へ。川田小一郎が日銀総裁に招かれたので、腹心の部下として山本を連れて行ったのですね。

何しろ明治もまだ前半で、三菱は薩閥、つまり明治政府に重きをなす薩摩系の人々とつながり、明治政府でお金に強い政治家といえば薩摩の松方正義ですから、日銀という算盤(そろばん)勘定が命の国立銀行には、三菱の商売人が連れてこられることも多かったのです。それで、総裁が川田になり、山本達雄も日銀に移った。山本はまだ三〇代前半。でもすぐに「事実上の総裁」とまで呼ばれました。川田は滅多に日銀に行かなかったことで有名です。明治の大物とは政治家でのです。

も実業家でもそういうものです。山本が毎日のように川田の屋敷に行って指示を仰ぎ、日銀に戻っては川田の大雑把な指示を細かくかたちにして、陣頭指揮して実践する。ですから日銀の建物に実際にいて、現場を差配しているのはいつも山本なのです。だから「事実上の総裁」なのです。

その山本が日銀で不動の地位を築いたのは日清戦争のとき。一八九四（明治二七）年から翌年にかけて。近代国家日本の存亡がかかりました。相手は大国の清。痩せても枯れても中国大陸の支配王朝。「眠れる獅子」と呼ばれていました。そんな相手に近代化途上の極東の小国が挑む。戦費は普通に考えたら足りません。どうしたものか。秘策が編み出されました。山本の考案とも伝えられます。まず日本銀行が政府にお金を貸す。税金では取れていないお金を勝手に日銀が刷り増しする。そのお金を政府が民間にばらまく。それで民間は戦費調達の債券を購入する。実体の裏付けなどなく、担保もないのに、日銀がお金を政府経由でばらまく。信用が充分には保証されていない。もしも戦争に負けたらたいへん！　たちまちお金は紙屑です。大国の清を相手に、国力から考えたら太刀打ちできるはずもなさそうな日本が戦争をするには、そういう危ない橋を渡らなくてはできません。勝つという予見のもとに、日銀は政府に幻のお金を貸し、それを市中に流して戦争債券を買わせて国家予算にしてしまったのです。

イチかバチかの大勝負。戦争は日本の勝利。清からは巨額の賠償金を取れました。ないはずのお金を刷ったら、あとで帳尻が合った。ハイリスクでハイリターン。戦費で大儲け。これぞまさに戦争資本主義。日本にとっての、その最初の実践が日清戦争であり、そこでお金の差配をしたのが山本。まさに大業績。日本も国際社会で出世。山本も出世しました。日清戦争が終わってから三年後の一八九八（明治三一）年、山本は「事実上の日銀総裁」から「本当の日銀総裁」になりました。

平時の成長はほどほどでよい

しかし、山本の人生の中で財政家としての大博打はこのときだけだったのではないでしょうか。幕末維新の様子も知っている山本のような世代にとって、近代日本なんて、石橋を叩いて渡っていても、いつ壊れるか危ういくらいの柔らかい代物と見えていたと思います。そもそもが慌ててつくった急造品なのですから。清との戦争は通らねばならぬ難関だったとしても、あとはなるたけ身の丈に合ったことをしているのがこの国のためだ。実力以上の博打はしないに越したことはない。どんな博打も博打は博打。勝てたとしてもまぐれみたいなもの。日清戦争を切り抜けた当事者だからこそ持てる感慨だったでしょう。

そんな山本が日銀総裁としてやったことは、戦争での儲けを民間市中に回すことです。積極的に貸し出しました。日本はここでひとつの経済成長期を経験します。日清戦争と日露戦争のあいだの時代はとても文化的であったとも回顧されますね。樋口一葉や尾崎紅葉が代表作を書き、森鷗外が『舞姫』を書き、夏目漱石がロンドンに留学するのはみな、この戦間期。音楽なら瀧廉太郎の時代です。文化的ということは国民の一定多数に暮らしの余裕が生じたということ。お金が回って増える時代でした。

そのとき日本人のお金持ちたちは何をしたか。お金があれば輸入です。贅沢するとなったら輸入品。日清戦争後の日本はまだまだ農業国であり軽工業がやっとの国です。重工業はまだまだ。民間も軍隊も肝腎な物は輸入品。お金が回ると輸入が増える。そうやって国民は贅沢をする。商社は輸入品を国内で売って儲ける。資本の蓄積が起きる。会社の資本金が増える。会社員の給料が増える。国産品も輸入品も価格を高くしても売れるようになる。物価上昇が起きる。インフレになる。

だが、それすなわち経済成長であってめでたしめでたし、という単純な話では済みません。当時の世界貿易の根幹の秩序は金本位制です。日本も日清戦争の儲けを基礎に日清戦争終了の翌々年に金本位制を採用しました。そのためにロンドンに駐在して活躍したのは、日銀総裁になる前の山本達雄でした。日清戦争後の経済発展期、金満期だからこそ可能になった大事業ですが、この時期の経済の繁栄は、ただいま触れましたように輸入過多の貿易と結びついている。日本人の贅沢の喜びは舶来品の消費と愛玩にあるのですから。

けれどそれは金本位制にとっては宜しくない。金本位制では、貿易赤字が増えれば増えるほど金が国外に流出することになる。金で決済するのが金本位制だからです。日本人が贅沢すればするほど、日本の商人が輸入品で儲ければ儲けるほど、それに見合った輸出がないのですから、外国に金が出て行ってしまう。国庫の金の蓄えが減ってしまう。日本の通貨、円の信用の裏付けは、金本位制の時代ですから、金に他なりません。金がなくなっては円も日本国家も信任されなくなってしまう。とりあえず円安になってゆく。円が下がると輸出はしやすくなります。日本の品物が外国ではどんどん安くなりますから。そうして輸出が伸びて貿易赤字が黒字にもしも転じれば、金がまた外国から戻ってくるようになる。要するに原理原則論では放っておいても「神の見えざる手」が働いて自動調節されることになっている。

　ところが実際はそうは問屋が卸しません。たとえば、過度の好況が輸入超過と結びつき続けると、日本の金が減って円の信用が減じ円安になり輸出が増えて出入のバランスが取り戻される前に、物価上昇が行き過ぎてしまうかもしれない。あるいは円の信用不安が起こり、突然の恐慌に襲われるかもしれない。資本主義なのです。どうしても階級格差が伴う社会になる。ピラミッド型になる。過度なインフレが進行し、賃金上昇が追いつかなければ、ピラミッドの真ん中より下はたちまち生活苦に陥るでしょう。社会は動揺するでしょう。

　山本は危険を感じました。こういうときの山本は原則として慎重派。別に戦争しているわけではないのですから。負けて滅ぶ可能性があるのならともかく、平時の成長はほどほどを狙っておけばよい。過熱した景気は冷却せねばならない。だいたい輸入に見合った輸出をする地力の備わっていない国とは、つまり経済的に未成熟なのだ。身体のできていない人間に偏った栄養を与え続けては、成長させたつもりがあとで必ず病気になる。しわ寄せは忘れた頃にやってくる。戦後日本の高度経済成長期でも、急激な成長をよしとするエコノミストと、熱冷ましの時期を取ってリスクを避け安定的成長に徹するべきだと主張するエコノミストのあいだに、大きな対立がありました。そこになぞらえれば、日清戦争後の山本は後者の元祖のような存在と呼んだらよいでしょう。

日本銀行はお金を民間に出すのをやめてゆきます。金融引き締めです。政府の財政規模の拡大にも反対する。しかし、そういう姿勢は受けの悪いものです。いつの時代でも消極的な姿勢は歓迎されません。まだ行けるのにブレーキをかけるな。山本の人気は下り坂。ついに一九〇三（明治三六）年、彼は日銀総裁を退かされました。

日露戦争と高橋是清

過熱した景気は冷まされないままどうなったか。過熱した景気でも足りないくらいのことがすぐ起きました。もっとお金を！　日露戦争です。山本が日銀総裁を退いた翌年に始まるのです。日本の地理政治学的環境を考えれば、明治維新で開国路線に舵を切ったこの国と、東方進出を国策としていたロシアとが、東アジアの政治経済軍事の覇権をめぐって戦争を起こすのは歴史の運命とも言えます。けれど、よりミクロに見れば、日清戦争で潤って熱の収まらない日本経済が、市場を広くしてもっと儲けたいと願った結果と言えるのかもしれません。日清戦争で獲得した台湾だけでなく、朝鮮半島と満州エリアにさらに手を伸ばして権益を確保したい。回せるお金をもっと回したい。そうしなければ経済力のポテンシャルをさばききれない。ロシアを敵とするという向こう見ずな選択が、臆病風にも吹かれずに行われてしまった背景は、そうした経済の論理を入れ込んで考えないと解せないところもあるでしょう。

とにかく、するとまた戦費です。日清戦争で日本経済が伸びたと言ってもたかが知れている。世界の強国であるロシアと、東アジアの限られた戦場に限定してであっても、一応正面衝突するのですから、軍事費は日清戦争とは桁違いになります。そこで活躍したのは、もともと日本銀行に勤めていて、当時は日銀副総裁だった高橋是清でした。

高橋は山本達雄の日銀での弟分と呼べる存在。実年齢は高橋のほうが二つ上ですが、日銀に高橋を入れ、側近として使っていたのは山本だったのです。仙台の貧乏士族の出身でアメリカ大陸で苦労した高橋に、山本は、苦闘の連続だった臼杵の貧乏士族の出である自分の人生を重ね合わせたのでしょう。山本は常に高橋を引き立てました。日清戦争のときに、本来はないと言ってもよいお金を強引につくってしまうことで戦争での勝利とその後の経済成長をもたらした山本のやり方も、高橋はそばでよく知っていました。何しろ高橋は日清戦争時、日銀で西日本の業務をしきる西部支店長として、市中にお金を流しては国民に軍事債券を買わせていたのですから。派手にお金を回す。戦争で使う。それで国が一気に豊かになる。高橋は好戦的人物では決してありませんが、日清戦争での山本の成功体験に魅了されていたに違いありませんでした。

けれど、相手がロシアとなると、日本国民に債券を買わせるくらいではとても足りません。高橋は山本を真似ながら山本とは桁違いのスケールのことをやりました。外国に債券を買わせたのです。戦費を友好国から集めたのです。彼は成功しました。日本はギリギリで軍費を賄え、日露戦争で負けずに済みました。しかし賠償金の取れるような勝利ではなかった。とりあえず有利に手打ちできたにすぎない。ここが日清戦争と日露戦争の大きく違うところ。結果、戦後の日本政府は債務の償還にひたすら追われました。

山本達雄、再び登場

そのとき、再び登場したのが山本達雄です。彼は一九一一（明治四四）年から一二（大正元）年にかけての第二次西園寺公望内閣で大蔵大臣を務めました。山本蔵相の一貫した態度。

それは外国からの借金漬けになった日本の財政をひたすら切り詰めて健全化をはかるというものでした。身の丈に合わない日露戦争をしたせいで、負けなかったにせよ、しわ寄せが大きく来ている。それを直視して、日本の身の丈を一刻も早く分相応に平穏に生きられる程度に、国力に見合った無理のない水準に戻さなければならない。身を縮めて安全を取らねばならない。山本流の平らかに成る哲学です。

しかし、同時代に軍人の見ている世界はまた違います。ドイツ帝国やアメリカ合衆国が著しく発展し、対外的に拡大拡張を目指している。世界各地で大戦争になりかねないレベルでの緊張が高まっている。特に日本海軍は、太平洋の覇権をめぐってアメリカと争う可能性を生々しく考えねばならない時代に入ってゆく。斎藤実（まこと）海軍大臣は大建艦計画の実現を主張します。上原勇作陸軍大臣も陸軍の常備軍が足りないと言う。二個師団増設を唱える。日本の身の丈をいったん縮めるなんてとんでもない。一刻の猶予もならない。軍の立場でした。

山本蔵相はこうした陸海軍の意見に真っ向から反対します。軍備拡張の余力は今のこの国にはない。財政はひたすら引き締める。そうでないと借金返済のクビが回らなくなり、財政破綻国家になってしまう。山本蔵相は軍の拡大策を退けまた退け、軍との対立は深まる一方。ついに西園寺内閣をつぶすに至りました。

性急な成長や拡大に疑惑の目を向ける財政家、山本達雄。彼は決して反軍主義者や反戦主義者ではありませんが、算盤勘定の心配から、その姿勢はどうしても反軍国主義的になりました。日本の仮想敵国は、日本が大きく背伸びしないと、とても張り合えない大国ばかり。中国やロシアやアメリカ。諸大国との戦争を常に想定して準備しようとする国防の論理が、まだまだ発展途上でお金も乏しいこの国の経済に、いったいどれだけの影響を与えるか。

　日清戦争と日露戦争をやり過ごせたことで軍も国民も分不相応な自信をつけ過ぎてしまっている。しかし二つの戦争は日本の身に余る博打だった。敵失や日本人のただならぬやる気のせいでうまく運べたものの、今後も同様とは限らない。そんな国で軍が威張り過ぎれば、仮想敵国が日本よりも大国ばかりなのだから予算請求は日本の身の丈に対していつも過大になり、その過大を認めれば、国民生活にしわ寄せがゆく。それでも軍備に大金を投じようとすれば、大胆な経済成長による予算規模の拡大、国力の急増進を目指す他なく、そのためには、侵略による市場や労働力の拡大とか、戦争を仕掛けて賠償金を取るとかの手立てしか思いつけないでしょう。リスクがリスクを呼び、日本は躓いてしまう。経済成長はむろん目指されるべきですが無茶は慎むべし。常に調和的であれ。

　日清戦争という近代日本の対外的な最初の大博打を身を以て経験した山本は、そこまで辿り着いていた。だが、後進の人々は、日本はもっとやれるのではないかと思いたがった。何しろ日清と日露の両戦役に勝っている。怯むことはない。山本とあとに続く人たちとの齟齬は、そのあたりにありました。なるべくゆっくりと平らかに成ってゆきたいか。それともなるたけ性急に強く大きくなってゆきたいか。慎重論者の山本は、西園寺内閣で陸海軍と闘った姿勢を疎まれたのか、このあとはもう二度と大蔵大臣の椅子に就くことはありませんでした。

第一次世界大戦の僥倖、その後の不況

そのあとはどうなったでしょうか。日本の経済力では借金は返せそうにない。軍備拡張どころではない。日露戦争のせいで国が破産するのか。その寸前で日本はまたも救われます。一九一四（大正三）年、日本が主たる戦闘国にならないかたちで第一次世界大戦が勃発したのです。日本は日英同盟のよしみで、イギリス、フランス、アメリカ、ロシアの側につく。主戦場は欧州だからとても遠い。軍需生産国として、輸送船提供国として、欧州からの輸入品の来なくなったアジア市場を制する軽工業製品輸出国として、ひたすら大儲け。全体としては輸出超過が続き、大幅な貿易黒字を重ねますが、軽工業製品の原料輸入元のインドなどとは極端な輸入超過の関係に陥り、特定地域に金が大量流出。せっかくの金は貯め込めるだけ貯めておけと、金本位制からいったん離脱することになります。

そういう第一次世界大戦の結果、日本はトータルには高度経済成長を果たし、日露戦争の借金も余裕で返済できました。が、一九一八（大正七）年に足かけ五年続いた大戦争がついに終

わると、戦後不況に見舞われます。

やはり経営者とは先の読めない人が多く、長引いた大戦もさすがにそろそろ終わるだろうと思うべきときになって、何を勘違いするのか、「よし、ますますの商機到来！」と信じてしまう。まだまだ戦争は続く。仮に戦争が終わっても日本が戦中に確保した市場は保ち続けられる。したがってつくればつくるほど儲かる。増産だ。そう思った経営者たちは、大戦末期に設備投資を急増させました。ところがそこで終戦。特需にも終止符が打たれた。輸出先は激減します。生産設備も労働人口も過大。給料も高くして、労働者も大勢集めて、原料もたくさん買って、工場も増やしているというのに。高コスト体質もすっかり身についてしまっていた。儲けが大きかったから高コストは高コストでなくなっていた。そんな状態にますます頭を突っ込んでいるときに反動が来た。これで不況にならなかったらどうかしています。

井上準之助の猛烈引き締め策

この難所をいかに乗り越えるか。国内的にはいわゆる合理化をする。無駄の削減、人減らし、人件費削減。そういう意味で合理化という言葉が盛んに使われるようになったのは、この第一次世界大戦後の不況期からです。上がり過ぎた賃金も物価も下げないといけません。デフレ誘導策が必要です。激減した輸出の回復もはかりたい。でも、なかなかうまくゆきません。

そもそも日本国内では戦争景気による高度経済成長の結果、富裕層が拡大しています。戦後不況になってその一部が淘汰されても、桁違いに増えた富裕層はそれなりに存続します。彼らは贅沢な輸入品を歓迎する。日清戦争後の山本日銀総裁時代と同じ。輸入原材料を多く用いる内需向けの工業製品市場も拡大しています。そうしたせいで戦争が終わって輸出は減っても輸入は減りません。

しかし、先に触れた通りで、大戦の途中に日本は金本位制から離脱して国内の金は海外持ち出し禁止になっている。したがって日本には第一次世界大戦期の輸出超過時代に大量流入した金があり続けて動かないので、円の価値はそれで保証されている。日本国内が不況だろうが好況だろうが、円高傾向に揺るぎはない。円高だから日本製品は対外的にはずっと割高である。そのせいで輸出は伸びない。円高が続けば輸入は相変わらずしやすいし、日本のブルジョワジーには欲しい外国製品が幾らでもある。輸入は減らない。輸入超過が続く。貿易は赤字である。日本は外国に超過分の金額を金で払う。しかし、日本国内の金は、繰り返せば外国に出せない。金本位制をやめるということはつまり外国への金の現送を禁じることですから。そうすると、外国への支払いは在外正貨で行うしかない。他に方法がない。

在外正貨とは『広辞苑』で言いますと、「政府または中央銀行が、外国の金融中心地に所有する正貨」すなわち「金塊」。日本の金塊は輸出禁止だから外国への支払いは外国で金塊を買ってそれで支払う。でも為替相場は変わりますから、外国でいちいち金塊を都合するとなると、結局そのためにお金が幾らかかるかは読み切れないところがある。日本に貯め込んである金塊で払えば、これはもう現物で持っているから安定的ですけれど、外国でこまめに金塊を売り買いして調整し続けるとなると、不安定要因が多い。輸出が増えて貿易が黒字に転ずれば何とでもなりますが、貿易赤字が続くと自国に大金塊があるのに動かせないのは馬鹿馬鹿しくなってくる。

繰り返せば、自国に大金塊があるとそれに裏付けられて円も強くて高くなるから、日本製品は高値にならざるを得ず、金の大量抱え込みは輸出の妨げにしかなりません。ならば金本位制を復活させて金の海外への現物輸送を解禁したほうがいい。輸入超過なのだから金を解禁すれば外国に金はどんどん出ていく。それで円の信用は減るから円安になる。そうなれば輸出もしやすくなるでしょう。

それから、財政も緊縮する。国家がイニシアティヴをとって国のお金の回りを抑制する。総需要を減らす。需要が減れば物価が下がる。つまりデフレに誘導する。第一次世界大戦後、不況が続いたといっても、国内経済のパイは拡大していたから、大企業は、合理化、人減らし、無駄な生産設備の整理を徹底せずとも、とりあえずは保っていた。しかし、明らかにデフレになって、企業の収益が悪化し、会計が圧迫されれば合理化を促進せざるを得ません。

痛みに耐えて改革すれば日本企業は生産性を回復できる。つまり、輸入超過のまま金本位制に復帰すれば、国内の金はどんどん出てゆくから円の信用も下がり円安になってやがて輸出に有利となる。そこにデフレ政策によって促される産業合理化のせいで、日本企業が国際競争力を高めるべく努力して日本製品の低コスト化が実現すれば、鬼に金棒。日本は国際貿易において第一次世界大戦期のように大儲けできるようになり、そうすると新企業も参入して労働市場も拡大するから、財政緊縮で一時的には貧乏人や失業者が増えても、しばらく忍耐すれば将来的にはバラ色になる。

絵に描いた餅のようにも思いますが、そんな筋書きが第一次世界大戦後の不況の中で叫ばれるようになり、ついに民政党の浜口雄幸内閣が、この絵に描いた餅を強力に推進することになります。そしてそこでの中心人物は、第一次世界大戦終了後の不況期に二度にわたって日銀総裁を務め、浜口内閣では大蔵大臣の職に就いた井上準之助でした。

山本達雄は二人いた

井上は大分の日田の出身。山本達雄は大分の臼杵。同郷なのですね。井上は東京帝国大学から日銀に山本の口利きで入れたのです。高橋是清も井上準之助も、日本銀行に入れて財政の専門家への道を切り開いたのは山本達雄なのです。高橋も井上も山本のやることを見て金融政策と財政政策を学んだ。とはいえ、二人が同じ山本から強く印象に刻んだポイントは違う。

高橋は既に述べました通り「打ち出の小槌を振る山本達雄」です。日清戦争のときにお札をとにかく刷りまくってお金で日本をずぶずぶにした山本です。山本がその後やりたくないと思った手に快感を覚えてしまったのが高橋です。それに対して井上が日銀に入ったのは日清戦争が終わった後。金融引き締めに向かう山本達雄こそ井上のひとつの理想像です。金本位制のもとでやっていくために引き締めるときは猛烈に引き締める。余計なお金は市中から引き上げさせ、日本経済をいったんギスギスに痩せさせても、それはあくまで贅肉を削いだということであって極めて健康的であり、将来のためにはそのほうがよいと主張した山本です。

山本は二人いたのです。別に財政家や金融家としての山本の思想が途中で豹変したわけではありません。財政や金融は人間の体温調節や体重調整のようなものです。急激に体温が上がる一方だったり下がる一方だったり、太る一方だったり痩せる一方だったりすれば、どの場合でも人間は死にます。上がったら下げる。下がったら上げる。当たり前です。高橋も井上も当然ながらそのことは分かり過ぎるほど分かっていました。

しかし高橋は、日露戦争時の集金やデフレ不況時など、冷えきった状況を温めなくてはならず、積極策・拡大策を求められるときに、出る幕が多かったのです。一方、井上はその逆で、第一次世界大戦期の膨らみ過ぎた経済の後始末のような、熱が出過ぎて病んでいる状況を冷まさねばならず、消極策・収縮策を求められるときに、出る幕の多い人でした。そのせいで高橋も井上も、日清戦争時の集金と日露戦争後の緊縮期という対照的な二幕で一人二役を兼ねた山本よりも、キャラクターが片方に立ち過ぎてしまったのかもしれません。ギュッと太らせて、みんなの気を大きくさせる専門家が高橋で、ギュッと絞らせて、痛みとひもじさに耐えるとあとでよくなると伝道する専門家が井上というわけです。

しかも、浜口内閣での井上の場合は、時代を読みきれず不幸な境遇に立ち至りました。円安とデフレを組み合わせれば、輸出の回復と国内産業の合理化が一石二鳥で達成されると思ったのに、そのときはちょうど、アメリカ発の世界大恐慌が日本へ波及し深化する時期と完全に被ってしまいました。井上の政策のおかげで、確かに産業合理化が進んで日本製品の価格は下がったものの、欧米の製品の値段は総じて日本よりもさらにずっと下がってしまった。それではわざわざ円安環境にした意味も浮上してこない。痛みに耐えても実利は出ない。結果、この国に招かれたのは、輸出のための価格競争力も相変わらず弱ければ、国内市場もデフレでお金が回らないという、極めて追い詰められた事態でした。

そのあとを受けて、井上準之助の方向をすべて覆したのは、言うまでもなく高橋是清です。彼は犬養毅と斎藤実と岡田啓介の三つの内閣で大蔵大臣を務め、積極財政で通貨供給量を増加させ、所得と消費と物価の上昇をはかりました。リフレーション政策というかインフレ誘導政策です。回るお金をひたすら増やして太らせた。積極財政を可能にする究極の一手は、国債を無制限で日銀が引き受ける仕掛けの導入でした。これなら幾らでも財政は拡大できます。この最終兵器的であまりに強烈な打ち出の小槌の出現は、太平洋戦争もとりあえず可能にする膨大な国家予算の計上をも可能にしました。

この二人に対する歴史の審判はどう下ったのでしょうか。それが正しい裁きだったかどうかは大いに疑問がありますが、とにかく、山本の包み込んでいた両極端の片方ずつに振れ過ぎることを身上とした二人に待ち構えていたのは、テロないしクーデターに巻き込まれての死でした。井上は血盟団事件で一九三二（昭和七）年に、高橋は二・二六事件で一九三六（昭和一一）年に、共に斃（たお）れました。

山本達雄と「未完の平成」

山本達雄はどうしていたのでしょう？　第一次世界大戦前の第二次西園寺公望内閣の蔵相として軍と激しく対決したあとは、もう金融や財政の中枢に戻ることはありませんでした。しかし、それで政界を引退してしまったわけではない。むしろそのあとますます政治家として、他の畑で腕を振るいました。高橋是清や井上準之助に近いところで長く活躍していたのです。大正中期の原敬の内閣では農商務大臣として日本の内地の農業を性急な近代化の歪（ゆが）みからなるたけ守ろうと尽力しました。血盟団事件で井上準之助が斃れた後の斎藤実内閣では、高橋是清が蔵相でしたけれど、山本は内務大臣として入閣。ここで山本はまたも軍と対決します。一九三三（昭和八）年のゴーストップ事件です。

大阪市北区の交差点で、陸軍の兵士が信号無視をした。それを目撃した警官が兵士を派出所に連行した。ところが兵士は「兵士を警察行為で取り締まれるのは憲兵であって、警官の命令に従う必要はない」と食ってかかった。両者はエスカレートして殴り合いの大喧嘩になり、どちらも怪我をしてしまう。

この騒動は、陸軍と、警察を所管した内務省との対立に拡大します。当時の荒木貞夫陸相は警察に謝罪を要求。しかし山本内相はそれを一蹴。軍が「天皇の軍隊」なら警察も「天皇の官吏」であって対等なのだから、ここで軍隊の優位性を認めるようなふるまいは断じてできない。日本の身の丈と食い違い過ぎた大国ばかりを仮想敵国とする軍隊の発言力が増せば増すほど、予算を取れば取るほど、日本の財政は危機に追い込まれ、経済の健全な成長にも差し障りを生じる。そう信じる山本にとって警察が適法行為をしているのに軍隊に詫びるなど絶対にあってはならないことでした。争いは数カ月も続き、結局、両者対等な和解によって矛は収まりました。山本の最後の大舞台だったと言えるかもしれません。

高橋是清が陸軍の青年将校に斃されるのはゴーストップ事件から三年後。山本達雄は斎藤内閣のあとはもう閣僚になることもなく貴族院議員として時を過ごし、戦後まで細く長く生き延び、一九四七（昭和二二）年に九一歳で亡くなりました。

平成は不況を抜け出すべく極端な経済施策に憧れて夢を追った時代だったと言えるでしょう。「平成の井上準之助」や「平成の高橋是清」が現れ、井上のように痛みの伴う改革を説いたり（竹中平蔵氏！）、高橋のように市中のお金を増やせば景気は上向くのだと宣伝したりしました（黒田東彦氏！）。どちらもそれなりに成功した部分もあるのかもしれません。でも、どちらも劇薬的でもあり、歪みや軋みをあとあとまで深く残したことにもなるでしょう。

対して「平成の山本達雄」は現れなかったように思います。日本の身の程を弁え、見限るところは見限り、最大多数がまずまずの思いで暮らせるような、少し地味な、けれど無理のない線を狙う。平らかに成るためのヒントが山本達雄の思想と行動にはたくさん見つけられるというのに。そんな山本の目指したものとは明らかに違う方向を、明治から敗戦までの日本は辿りました。山本達雄の思い残しは、平成の命名者が孫の達郎だったとすれば、まさに孫によって平成の二文字に受け継がれ、新しい時代への隠されたメッセージになっていたのではないでしょうか。しかし、現実の平成は、山本達雄の部下の極端さを理想とし、中庸の徳を得ようとする山本を積極的に顧みることはありませんでした。

平成という元号は字義通りにはなれなかった。平らかに成る理想は、その含意を安岡正篤に求めても、山本達郎から山本達雄に遡って求めても、未完に終わったことになるのでしょう。

とはいえ、元号とは昔からいつもそういうものです。だって元号には不吉な漢字は使われないのですから。必ずいいことがありそうな期待を抱かせる漢字の組み合わせでできあがるのですから。それゆえ、元号は常に現実に裏切られるのです。

第三章　花開く刹那主義

——災害とニヒリズム（上）

日常化した非日常

平成の三〇年は、「平らかに成る」どころか、非日常や例外状態が日常化していく時代でした。テロにミサイル。非日常の事例は恐ろしいことに枚挙に暇がありませんが、その代表は巨大な自然災害の多発でしょう。

昭和までは、日本近代の巨大地震と言えば一九二三（大正一二）年に起きた関東大震災に尽きていた感があります。つまり、昭和の時代に関東大震災に匹敵するような巨大地震は起きなかった。もちろん、目立った地震は明治にも昭和にも数多く起きました。一八九一（明治二四）年の濃尾地震は内陸を震源とする地殻内地震で、福井県から愛知県までに今で言えば震度七クラスの大震動をもたらして、日本の近代地震学を発展させるきっかけにもなりました。

こういうことを言うと怒られますが、これは明治二〇年代だから、まだよかったのかもしれません。東海道本線が開通した二年後ですから。破壊されるインフラストラクチャーが後世に比べればまだ少なかった。今だったら新幹線に発電所に過密都市に工業地帯ですから。昭和では、一八（一九四三）年の鳥取地震、二〇（一九四五）年の三河地震、二一（一九四六）年の昭和南海地震などが思い浮かぶでしょう。太平洋戦争の終戦前後に大地震が立て続けにやってきた。それから地震でなくて台風。三四（一九五九）年の伊勢湾台風では五〇〇〇人近い死者が出ました。

しかし、六〇年以上も続いた昭和という時代に、大正の関東大震災のようなタイプの国家を揺るがす地震は発生しませんでした。東条英機内閣は太平洋戦争中、国家の存亡を賭けた日米戦争をしているあいだに、また関東大震災のような大都市直下型巨大地震があると、それだけでもう国民の継戦意欲が消滅して負けてしまうに違いないと、戦時特別立法で国営の地震保険制度をつくり、三河地震には適用されています。そのくらい大地震は日本国家の絶えざる心配の種なのですね。長い昭和は戦争をするにも戦後復興にも高度経済成長にも大地震の深刻な影響を受けなかった。

昭和は、壊れると厄介なものがインフラストラクチャーにひたすら増え続けた時代でしょう。新幹線や高速道路や高層ビル、それからなんと言っても原子力発電所やそれに関連する核関係の施設。壊れたら大戦争級のカタストロフになる。江戸時代や明治時代までは、壊れてもすぐに元に戻せます。巨大城郭など、大がかりなものもありますが、鉄道もなければ道路も舗装道路ではない。木造建築だと、壊れても鉄骨やコンクリートよりは片付けやすい。

ところが明治の途中からは壊れたら瓦礫（がれき）の山になってしまうようなものが増えてくる。建物や道路や鉄道は西洋モデルでつくるでしょう。戦争はあるけれど地震のあまりないところで育った建築土木の文化ですよ。戦争以外で瓦礫の山ができるとは思っていない人たちがやっていることを、日本が真似しては基本的には拙いことがたくさんある。取り繕うにも限度がある。でも、限度を高く見積もって、将来の技術進歩にも期待しつつ、ここ一五〇年ほど真似てはいけないものを真似し続けてしまって、想定外の大地震があるとカタストロフという国土づくりに邁進してしまった。辛いですねえ。

西洋近代文明と地震は相性がよくない。とはいえ電線を電柱で表にさらしてつくっておくとか、これは日本らしい文化だと思うのですよ。日本は地下も揺れるし、すぐ水浸しにもなりますから。景観優先で地下に埋設してしまったら、防水にも気を使わなければならず、かなりのコスト高になるうえに、いざというときの被害が地上から見えないのだから、やはりよくないのではないですか。電柱は倒れたらまた立てればいい。分かりやすい。地震国の文化です。いや、いきなり反西洋近代文明的な詮方ないことを申しました。

〝大地震なき昭和〟という陥穽

とにかく、あまり揺れないで足かけ六四年が過ぎた昭和に比べますと、昭和の半分にも満たない平成日本は、阪神・淡路大震災と東日本大震災という、地震としてのタイプや影響範囲に相違はあるにせよ、いずれも日本の国家と社会と文明の形態に衝撃を与える、二つの巨大な地震に襲われました。二〇一六（平成二八）年には熊本で大きな地震が起きました。連動するかのように阿蘇山も不気味な動きを見せ、パニック映画顔負けの展開の可能性を近未来に残しているのが現状でしょう。さらに二〇一八（平成三〇）年、今度は北海道で大地震が起きました。

平成の初めには雲仙普賢岳が長期にわたって噴火し、大災害をもたらしました。あとから考えればあれが予告だったのですね。御嶽山の噴火もありました。毎年恒例のような集中豪雨など、天変地異が日常化したのが平成と言えるでしょう。大正は関東大震災をトピックとすると言っても、他には猛烈なものはない。日本近代の元号の中で、平成を特異化しているのは、やはり災害ですね。

むろん歴史的に見れば、それが日本のノーマルな姿とも言えるでしょう。日本列島とその周辺では、北米プレート、太平洋プレート、ユーラシアプレート、フィリピン海プレートという四つのプレートがぶつかり合っている。地殻的には世界最悪の場所と言ってもいい。〝世界に冠たる日本〟とか〝ジャパン・アズ・ナンバーワン〟とか、日本を世界一とうたい上げる宣伝的フレーズは幾つもありますが、地震に関しては掛け値なしにそう言えます。その部分については、日本は世界でも間違いなく特別であり、よその国のことは参考にしてもしようがないでしょう。

が、繰り返せば昭和は、国家を揺るがすような巨大地震に見舞われることがなかった。地殻的に見れば比較的平穏だった時期に、日本の歴史においてかつてないほどのインフラストラクチャーの大飛躍があった。もしもですよ、そんな馬鹿な想像をしても無意味とは分かっていますが、それでももしも、東日本大震災を引き起こした東北地方太平洋沖地震に匹敵する地震が、昭和五〇年頃か、三〇年か四〇年くらい前倒しで起きていたらどうなったか。地球の地殻活動ですから何十年か百何十年かは誤差のうちですよ。それはもちろんとてつもなく悲惨なことになっていたでしょうが、原子力発電所はあまり建たなくなったのではないですか。いくら石油ショックがあって原子力発電の有効性が叫ばれたとしても、津波の来そうな海沿いを原発だらけにするほど、日本人はバカではなかったでしょう。

日本人は、昭和という平和な地殻の恵みを受けた時代の中で、自然災害に不感症気味になってしまっていたところがあるのかもしれません。想像力が少し減退していたとは言えるでしょう。そのとき目先の欲望にかられて、安定的電力供給の夢を何としても実現したくなって、原子力発電の魅力に惑わされてしまった。時のめぐり合わせですね。

高さ三〇メートル級津波のリアル

ところが平成になると、西では震度七の大都市直下型という阪神・淡路大震災が、東ではマグニチュード九の海溝型超巨大地震によって東日本大震災が引き起こされました。そして、東海大地震や南海大地震、首都直下型地震など、次の大地震がいつ起きてもおかしくないと言われています。全国各地で火山活動が活発になっているとも指摘されています。

次なる巨大地震では、東海地方から四国・九州までを広範囲で襲うかもしれない津波の高さは、最大三〇メートル級と想定されていますね。でもそんな大津波に襲われたら、現実には対処不能でしょう。事前に被害を防ぎたかったら、沿岸低地に住むことを放棄するくらいしか方策はありませんが、海国日本の国民として現実味のある話ではない。

それでも役所や自治体は何らかの対応を迫られる。巨大な防潮堤の計画が真剣に議論されてもいますが、仮に南海大地震が想定される高知や紀伊半島の海岸に三〇メートルの堤防をつくるとなれば、これは万里の長城も顔負けの土木工事です。日照権もヘチマもなくなるし、景観も生活環境もメチャクチャになるし、大地震のときに役立てるための堤防ですから、耐震性が充分でなければならない。

トランプ大統領の提唱する〝メキシコ国境の壁〟なら、国境警備隊を込みにすれば安普請でも機能するのかもしれません。が、巨大地震に耐え、そのあとに巨大な津波を受け止めて微動だにしない、巨大怪獣並みの身長の〝万里の長城〟なんて、日本の山脈を幾つか破壊してコンクリートの原材料にして、国家と社会を傾かせる費用と労働力をかけないとつくれないでしょうし、それでもやはりいざというときは壊れて無意味になって片付け不能な瓦礫の山になるかもしれない。リアルに考えてもどうしようもないものではありますまいか。

しかし三〇メートルの津波が日本の長大な海岸線を近未来に襲うだろうというのはSF小説の空想ではありません。かなりオフィシャルでリアルな想定です。多分に公的に認められて国民に伝えられている。けれどもリアルには対応できない。対応はできないけれど、これがリアルな想定だと、恐怖を煽るニュースや研究は次々に発表されている。「いつ起きてもおかしくない」と警告する地震学者や火山学者は、かつてのようにオオカミ少年とは言われなくなりました。彼らも言いたいことを言える。研究予算が欲しいから大げさに言う人もいるかもしれないし、誠実な気持ちで警告している人もいるでしょう。しかしどちらも結果的には、ニヒリズムを生みます。

日本人にニヒリズムが蔓延していった時代。平成は将来、そう回顧されるのではないでしょうか。リアルに想定される災害の規模にリアルに対応できない。そのための現実的方途を見いだせない。そうなったら考えてもしようがない。そのときはそのとき。なるようになる。運を天に任せる。思考を停止させる。他のことを考えて忘れておく。ごまかす。ニヒリズムです。

米ソ冷戦の末に冷戦が熱戦に転じて第三次世界大戦が起きて人類が滅亡するというのは、冷戦時代の恐ろしい空想でした。万が一という水準で済まない、けっこうリアルに起こりうることでした。現実にキューバ危機もありました。が、戦争は人間のやることですから、思想や政治や社会運動の力で止められるはずだと、リアルに対応することはできた。しかるに三〇メートルの津波は人の意思と関係ありません。地球の営みです。

そうしょっちゅう起きないこと。古代から昭和まで日本列島で生き死にしてきた先祖代々にはほぼ関係なかったこと。しかも人間には止めようのないこと。個人で勝手に逃げるくらいしか対応を思いつけないこと。家族や集団や社会を確実に守る方途が思いつけないこと。それが今を生きるリアルだと言われても絶句するしかない。〝平成災害ニヒリズム〟とでも呼ぶ他ない思潮が、この国の足下にどんよりと漂っています。

無力だった少子化対策

この平成のニヒリズムの問題は災害に限りません。人口減少や北朝鮮のミサイルも深刻なニヒリズムを今に喚起しているでしょう。

高齢化や人口減少は、一九九〇年代、つまり平成初期にはもうリアルな問題になっていました。政治家も学者も議論し、労働や福祉に重大な影響が将来に及ぶと認識されていました。と言ってもはっきりした政治課題となって内閣に少子化対策担当の大臣が置かれるまでになるのは二〇〇三年ですから平成一五年のことです。小泉純一郎内閣のときです。以来、歴代内閣は「少子化対策は大切」と言い続け、担当大臣が常にいる時代が今日まで続いています。けれども、出生率を上げることについての有効な方策はとれないまま、平成は終わりを迎えようとしています。

思えば一九六八（昭和四三）年、すなわち明治維新から一〇〇年の年、当時の佐藤栄作首相の懐刀と言われた木村俊夫官房長官は、明治以来の日本の成功の要因に維新時三〇〇〇万の人口が今では一億にはねあがっていることを挙げ、日本民族の生殖力を賛美しました。高度経済成長も子供の増大があるからこそ成し遂げられている。人口が増大するから市場も消費も国家の経済規模も拡大し、資本主義は成長する。木村長官はこの当たり前にこそ価値があるという認識を〝明治一〇〇年〟に当たって述べたわけです。それから五〇年後の二〇一八（平成三〇）年はむろん〝明治一五〇年〟ですが、日本はすっかり様変わりしました。人口が減り、若年層がいなくなれば、資本主義はたちまち限界に突き当たります。それでも成長は可能だという経済学者もいますが、基本的に活力が欠けてくることは否めません。

はたして今から増やせるか。子供をつくれば親に一〇〇〇万円あげるくらいの大胆な政策を実行すれば、盛り返せるかもしれません。仮にそのくらいの手立てを断行したとしても、人間は促成栽培できないのですから、既に数の少ない世代がつくらざるを得ない、人口の年齢別ピラミッドのいびつさはもはや解消できません。

それに、子供にばらまくお金も資本主義が成長してこそ出てくる理屈ですから、成長しないから成長させるために、しかも即効性に乏しいお金を将来への投資として大量にばらまく政策を果断に実行する政治家が現れ、それを支持する大衆が出てくるとも思われません。今日の民主主義はもっと目先のことでしか動かないのです。要するに少子化については表向きは対策しているつもりでも、本音のところでは、政府も国民も思考停止状態に陥っていると言ってよいでしょう。

平成のニヒリズムを考えるとき、小泉時代はポイントだと思います。少子化対策を重んじながら果実を引き出せなかった小泉政権は、一方では、原発の安全対策がこれまで通りでよいのかと原子力安全・保安院から原子炉の安全審査部門を分離して、新たに原子力安全基盤機構を設置しもしました。結局、二〇一一（平成二三）年まで、この仕掛けはあまり有効には機能していなかったようですが。大地震さえなければそのネガティブな実態は露呈しなかったのでしょうが、ともかく結果は大事故で、廃炉の作業に数十年です。天文学的予算と、人の一生の長さからうまく実感できないような期間がかかる。人間はそんなことを真面目に考えたくはないのです。そういうときの殺し文句は「あなたに実感はなくても孫子の世代が」という言い回しです。でも少子化で晩婚化の平成です。子や孫がいない人が多い。先の話はどうでもいい。次にまたいつ巨大地震が来るかも分からない。せいぜい二〇二〇年の東京オリンピックくらいまでしか思いが及ばない。ここにもニヒリズムがついて回ります。

ミサイルと刹那主義

北朝鮮のミサイル問題を考える場合も、節目になるのは小泉時代でしょう。小泉首相は北朝鮮を訪問して国家指導者の金正日と会談し、拉致被害者の一部を帰国させることに成功しました。北朝鮮があのとき〝国家の犯罪〟を認め、拉致した日本人を返したのは、必ずしも小泉首相の特別な政治力のせいではないと思います。

冷戦構造の崩壊によって、北朝鮮も、共産主義陣営の一員としてソ連や中国を確実な後ろ盾とすることのできない、新時代に突入しました。北朝鮮の国家存立のエートスというのは、朝鮮戦争休戦以来、アメリカと対決すること、ただそれだけにあると言ってよいでしょう。三八度線で韓国を傀儡とするアメリカと向き合いながら、またアメリカと戦争するか、それとも休戦状態に終止符を打ち、アメリカと対等に和平条約を結んで、アメリカに北朝鮮を国家として認めさせるか、その究極の選択をアメリカに迫るのが北朝鮮という国の一貫した生き甲斐です。それを大義名分にしてこそ、国内における抑圧的な政治体制も、非常時や準非常時、戦時や準戦時なのだから仕方ないと言って、正当化できてきたと言えると思います。

しかし冷戦の枠組みが崩れ、ソ連と中国という反米的で巨大な共産主義国が消滅したり影が薄くなったりすると、アメリカとしては、北朝鮮だけなら少なくともアメリカ本土にさしたる脅威を与える敵性国家ではないし、朝鮮半島への関心も低くなるのが道理でしょう。アメリカが興味を持ってくれなくなったら北朝鮮は強権的国家を存続させてゆく理由を失う。冷戦の脅威も去って雪解けで民主化で、〝金王朝〟も国家の身の丈を超えた巨大過ぎる軍隊もいらなくなるのではないかという話になる。それは困る。アメリカが北朝鮮に徹底的に構ってくれなくては困る。

そのときに北朝鮮がここで使えるカードだと気づいたのが、拉致してきた日本人でしょう。北朝鮮の本命は日朝関係ではない。米朝関係でしょう。小泉政権にいったん身をかがめて妥協して過去の非を認めても、そこで日朝のパイプを開き、日本を使って米朝交渉の場をつくり出し、米朝トップ会談にまで結びつけ、アメリカと対等の立場で国際社会に存在感を示す。それが小泉首相に拉致日本人を返した北朝鮮の思惑だったでしょう。

ところが、拉致日本人はまだいるはずだというところで交渉は暗礁に乗り上げて動かなくなった。北朝鮮の目論見は外れました。北朝鮮はアメリカに北朝鮮を忘れさせないための別の手を考えなければならぬところへと追い詰められた。ミサイルです。アメリカに届く大陸間弾道弾（ＩＣＢＭ）です。北朝鮮がミサイル開発に猛進するようになったのは、日朝交渉が手詰まりになってからでしょう。そして平成の終わりが近付くにつれ、ますますミサイルを日本海・太平洋方向に発射するようになりました。そのこころは、単なる安全保障上の理由とかでは解せません。ズバリ、振り向いてアメリカ！　これだけでしょう。そのせいで日本近海にミサイルがしきりに落ちてくるようになりました。

北朝鮮がもし本気でミサイルを日本にも撃ってきたらどうするか。そもそも北朝鮮と日本とではあまりに近いので、大陸間弾道弾ではなく既に彼らが有していたミサイルで充分なのですが。とにかく近過ぎるということもあって、いざというときに迎撃も避難も難しい。もしも完璧に近い専守防衛を目指せば、ハリネズミのような迎撃ミサイル網をつくり、国中に緊急避難用の地下施設を設けなければならない。大津波向けの際限なき防潮堤に似ています。撃たれたらもうしようがない。ニヒリズムです。真面目に考えてもリアルな対応が不可能。思考は停止します。

その先に待つのは現実逃避。刹那の快楽を求めて、面倒なことはとりあえず忘れる。見たくないものは見ない。実際にかたちにできる楽しそうなことを優先的に思い描く。東京オリンピックに大阪万博。まったく別の話題で盛り上がる。

対応不可能な大事が次から次へと覆い被さる。そこにニヒリズムと諦念（ていねん）と刹那主義の花が開く。それらが平成という時代の通奏低音になっているのです。

「日本人はすぐ諦める」

ニヒリズムと諦念と刹那主義が連合して織りなし、日本の足下に鳴り続ける通奏低音のパートは、しかし平成が新たにつくり出したわけではないでしょう。作家の野坂昭如はかつてテレビ番組で、小説『火垂るの墓』の題材にもなった神戸空襲の体験を戦争というよりも天災のように感じたと、述べたことがありました。だから、運命にさらされているかのような不可避の現実として、淡々と受け止めつつ、焼夷弾から生物としての刹那の生存欲求に任せて逃げ回っていただけだったと。アメリカ軍という主体的に意思を持って襲いかかってくるものを実感して、憎いとか、そういう気持ちはまるでなかったというのです。

昭和には〝国家存亡の危機級〟の大地震はなかったけれど、もちろん大戦争はありました。それでさえ災害のつもりで受け止める。仕方ないと思う。どうしようもないと思う。極東の島で避けがたい災害にさらされながら、それでも島にしがみついて生きてきた〝日本人の精神〟というものでしょうか。そのイメージはごくありふれたものと言えばその通りです。日本の近代を観察していた西洋人たちにとっても、古くから定番のイメージでした。

皇紀二六〇〇年、つまり一九四〇（昭和一五）年に、その国家的祝典の年を記念し、国際文化振興会が「紀元二千六百年記念國際懸賞」と銘打って、世界から日本文化についての論文を募り、入賞作・入選作を翻訳出版したことがあります。そこに収められたひとつに、日本人の諦めのよさを主題にした、オーストラリアの知識人による論文がありました。たしかこんな内容です。

——日本人はすぐ諦める。あるいはすぐ忘れる。関東大震災というカタストロフがあり、次にまたいつ揺れるか分からないというのに、また同じところに平気で家を建てて住む。街が壊れること、焼けること、流されること、突然に病気でも戦争でもないのに死んでしまうこと、すべてが唐突に無に帰することを織り込み済みにしている。いざというときはすぐ建て直しがきくようにと木と紙で家をつくっている。これは驚くべき精神構造である。西洋人、いや、日本列島以外に住むすべての人間にとって、容易には理解できないのではないか。この精神を醸成したもの。それはひとえに地震や火山噴火や台風だろう。災害の国が日本人の精神的伝統を創造し発展させている。この精神構造は受動性や消極性とも結びつくが、時と場合によっては能動性や積極性に反転する。生へのこだわりがないのだから、命懸けのアクションにも大した決断を要しないのだ。命に淡泊なら命懸けに躊躇(ちゅうちょ)しない。日露戦争で世界を驚嘆させた日本陸軍兵士の死をも恐れぬ突撃精神は、天皇への忠誠心もあろうけれど、諦めが早くなくては生まれ得ないだろう。

このオーストラリア人の論文は、関東大震災のまだ生々しい歴史的記憶を特に日本に投影して書かれていると思います。そして恐ろしいことに、この論文が選に入って五年後の一九四五(昭和二〇)年には、東京はもう一回焼け野原になってしまいました。関東大震災から東京大空襲まで、約二〇年しか経っていません。関東大震災で一回全部焼け、復興したと思ったら、また丸焼けになった。このような近代の大国の首都は東京以外にありません。でも、私たちはそこにまた平然と住み続けて、今に至っているのです。

生きるも死ぬも災害の有無次第。大地震が来たらどうせみんな死に、全部壊れる。カタストロフが織り込み済みだから、執着もない。日本人の成り行き任せで命知らずでニヒリスティックで淡泊という不思議な性質は、災害と結びついている。日本文化論の根底には災害がつくった精神構造がある。そういう西洋人の説を日本の識者たちが評価したからこそ、コンクールに入選して翻訳出版もされたのですから、その説は皇紀二六〇〇年の日本人の自画像にも重なるものであったと言うこともできるでしょう。突然、「おまえ死んで来い」と言われても、「はい」と言えてしまう〝民族的奇習〟を、この日本列島に住んでいる民族は持っているのかもしれません。

皇紀二六〇〇年の四年後の一九四四（昭和一九）年には、日本海軍がフィリピン戦線で航空機による体当たり攻撃という世界の戦争の常識を破る〝奇策〟を用い、陸軍も負けじとそれに倣い、かくして〝奇策〟は敗戦まで続行され、その報道に多くの日本人は慟哭しつつ感激もしていた、ということも思い出されます。沼正三はそうした日本人の心性を小説『家畜人ヤプー』で被虐の快楽と解したと思いますが、やはりせめて諦念であったろうと信じたいところです。

映画『忘れえぬ慕情』に見る楽天的虚無

「日本＝災害」。そのようなイメージは日本人によっても外国人によっても反復され再生産され続けますが、そこで思い出されるのは、戦後早めの日仏合作映画『忘れえぬ慕情』です。一九五六（昭和三一）年の作品で主演女優は岸惠子、監督はフランスのイヴ・シャンピですね。二人はこの仕事をきっかけに結婚しました。この映画は驚くべき災害カタストロフ映画ですよ。

舞台は長崎。アメリカに被爆させられて一一年後です。ジャン・マレー扮するフランス人の技師が長崎の造船所に出張でやってくる。マレーはジャン・コクトーの恋人のあのマレーですよ。彼が長崎で呉服屋の女主人に扮する岸惠子と知り合って恋に落ちる。そこにフランスからダニエル・ダリュー扮する元恋人が追いかけてきて、すったもんだがあり、マレーと岸がいよいよ結ばれるかというときに、巨大台風が長崎を襲う！

この台風が猛烈過ぎるくらいなのです。今観ると、その後の伊勢湾台風や長崎大水害を彷彿（ほうふつ）させる凄まじいスペクタクルになっています。イヴ・シャンピは原爆による長崎の破壊のイメージを台風で示したかったのでしょう。長崎を舞台にした『蝶々夫人』のパニック映画版とも言えますが。とにかく凄まじい風雨と高潮の描写が続きます。日本映画界得意の特撮のミニチュアも使います。ジャン・マレーは岸惠子の呉服屋が危ないと思って嵐の中、長崎の、あの特有な坂道を上ってゆく。店に辿り着いて、懸命に建物を守っている岸惠子と再会して喜んでいるのも束の間、立派な店構えながらも木造家屋ですから、想定外の強風で壊れはじめる。戸が風に圧されて家の中に吹き飛んできて、マレーの目の前で岸を直撃し、岸は死んでしまいます。ここが頂点ですね。

そのあとは台風一過。晴れわたる空の下、長崎は瓦礫の山になり、無数の日本人たちが黙々と淡々と後片付けをしている。愛する女性を失ったジャン・マレーは、それを見て、日本はいつもこうやって復興を繰り返してきたのだと感慨にふけるのです。これが〝日本のこころ〟というわけですね。

原爆で焼き尽くされ、台風で壊し尽くされても、誰も文句を言わずに片付けている。こんなものだと諦めている。原爆も台風も真面目に考えても防ぎようがないのだと。日本人は原爆でさえ、災害のつもりで受け流してしまう。みんながみんな、そんなつもりで割り切れるはずがないけれど、現実を淡々と受け入れておとなしく生きている人が多いように、イヴ・シャンピの目には見えていたことでしょう。

それにしても、イヴ・シャンピが戦後一一年で長崎の映画を撮り、やはりフランスのアラン・レネが戦後一四年で広島を舞台にした原爆映画『ヒロシマ・モナムール（二十四時間の情事）』を撮ったことは、フランスに根強くある反米・嫌米意識を考えるときに興味深いことですけれど、それはともかく、災害との歴史的共存で育てられたのかもしれない日本人のニヒリズムや諦めのよさは、裏返せば楽天主義と結びついているのでしょう。それが黙々と片付けるということなのです。

いくら焼けても壊れても流されても、災害は一時のもので、過ぎれば元に戻せる。事前に防衛しようとしても、巨大台風や巨大地震では為す術がないので、そこは諦めるしかないけれど、あとはどうとでもなる。死んでしまったら親兄弟や子孫に任せるしかないにせよ、日本列島が残っていればまたどうとでもなる。抵抗せずに流れに任せて諦めてやり過ごせたらまた復興。どうせ壊れるものにはそんなに手間をかけないでまた壊れるに任せる。それでいいではないか。他にどうしようがあるというのだ。日本のニヒリズムは楽天的虚無主義なのです。

改心のドラマとしての『日本沈没』

日本のニヒリズムは、ニヒルを楽天的にやり過ごしても大丈夫という根拠を伴ったニヒリズムです。その根拠とは、地震や津波や台風や空襲で、あとに瓦礫の山が広がっても、簡単に元に戻すことができるとの、確信というか信仰です。向こう見ず、命知らずの大胆な行為ができるのも、死んでも子孫はこの国をまた簡単に復興させ、死んだ自分も祀ってくれるだろうといった信仰の所以(ゆえん)でしょう。

破壊と復興があまりにも簡単に繰り返されて、いつも不死鳥のように蘇ってこられたので、民族的な慣れが生じてすっかり刷り込まれているのだと思います。木と紙が主だった建築の時代と比べると確かにコンクリートや鉄骨の瓦礫の片付けは手間ですが、片付かないことはない。北朝鮮のミサイルが落ちても、南海トラフで巨大地震が発生して、西日本の沿岸部が大津波でいったん洗い流されても、『忘れえぬ慕情』の希望のエンディングが繰り返されるはずだ。この信仰がある限り「諦めるが勝ち」になって、日本のニヒリズムは真の深刻さに陥らずに済んできたのでしょう。

それはそれでけっこうなことです。それで済めば、それに越したことはありません。しかし、ついにはそれでは済まないことも起きてくるのではないでしょうか。日本流のニヒリズムを楽天的信仰との癒着から引きはがさなくては、日本人のこころの成長はないのではないか。そうとも考えられるでしょう。

だとしたら、復興できない、あるいは容易に復興し得ないカタストロフを物語として設定すれば、日本の改心のドラマを描けるのではないか。日本の文明は次のステップに行けるのではないか。そう考えたSF作家がいました。小松左京です。

その想念は一九七三（昭和四八）年に長編小説『日本沈没』に結実しました。この作品は壮大な思考実験の具現化です。地殻変動の呼び起こす海溝型の巨大地震と大津波、さらに火山の噴火。それで壊滅する大都市。日本人にはあまりにおなじみのイメージです。しかし、諦めて、やり過ごして、受け入れて、嵐の去ったあとにまた復興すればよいという、いつもの手を使えなくしている。ここに創意がありました。日本列島が地殻変動によって沈没してしまうのです。これではどうしようもありません。場所がなくなる。空間が消える。絶望が希望に、悲観が楽観に、反転できない。あとがない。日本人の知らない真の終末論の世界です。破壊のあとに再生がない。元に戻らないから復興のしようがない。復さないわけです。再生しようと思ったら、元の生には戻せないで、別の生き方を探さなければならない。

『日本沈没』は昭和の想像力の白眉であり、結局、平成の東日本大震災への文化的序曲の役目を果たすものと、今となっては位置づけ直せる作品でしょう。しかし、『日本沈没』の小説が発表され同じ年のうちに映画化もされた一九七三年よりも三六年前の一九三七（昭和一二）年、実は『日本沈没』の先駆けになる映画がありました。日本を舞台にしながら後戻り不能な終末論らしい世界が象徴的ですけれど描かれています。その映画を『新しき土』と言います。

映画『新しき土』ファンク版と伊丹版

『新しき土』は日独合作映画です。ドイツの山岳映画の巨匠、アーノルド・ファンクと、日本の伊丹万作（伊丹十三の父）が、共同で監督しました。しかもファンク編集版と、伊丹編集版の二つのヴァージョンがあり、両者の内容はかなり違います。

なぜそんな映画がつくられ、そんなややこしいことになったのか。川喜多長政という人がいました。東和商事という会社を経営し、欧米からの映画輸入を手掛けていましたが、日本映画の欧米への輸出にも執念を燃やしていました。けれど、彼が折りあるごとに溝口健二や牛原虚彦などの作品をヨーロッパに持参し、試写してみても、なかなか評判を得られません。そこで彼は次善の策として、欧米の有名監督を日本に招聘し、日本を舞台とし、日本のスタッフや俳優を使った映画をつくらせ、それにより世界市場を狙おうと考えました。川喜多の誘いに応じ来日したのがファンク。彼は、『モンブランの嵐』『白銀の乱舞』『モンブランの王者』といった作品で、山岳アクション映画という独自の分野を開拓していました。

来日したファンクは、日本各地を訪ね、日本映画を研究し、やがて一篇のシナリオを書き上げます。その作品は、ファンク単独ではなく、日本人監督との共同演出で撮影されることとなり、ファンクは相方として、彼が特に気に入った日本映画『忠次売出す』の監督、伊丹万作を指名しました。が、伊丹は引き受けたものの、ファンクのシナリオを気に入らず、撮影が開始されても、両監督の意見は何かと対立する。やがて両者の溝は収拾不能となり、『新しき土』はファンク演出編集版と伊丹演出編集版という二通りのヴァージョンを誕生させるに至ったのです。

どんな物語でしょうか。ファンクの作った筋立ての基本は、伊丹版でも守られています。両ヴァージョンに共通の物語の骨格は次のようなもの。

——大和巌(早川雪洲)はサムライの血をひく一族の長。巌の子供は娘の光子(原節子)だけ。そこで巌は縁ある農家から輝雄という男子(小杉勇)を貰い受け、彼を婿養子にして、大和家を継がせようとする。ところが、その結婚に先立ち、輝雄をヨーロッパへ長期留学させたのが仇となった。輝雄は、欧米流の個人主義、自由主義にすっかりかぶれてしまい、家の都合に従うのは、封建的・因襲的であるとして、結婚の約束を反古にしようとする。光子は悲嘆にくれる。が、輝雄は、久方振りに戻った日本で、相撲や能や農民の暮らし、そして富士山などを眺めるうち、日本的なものへと回心する。彼は、個人主義的態度にとらわれ、もともと好いていた光子との結婚を素直に受け入れられなかった自身を恥じるようになり、ついに大和家に出向き、それまでの非礼を詫び、巌らが勢揃いしている前で、光子との結婚を宣言する。と、そこで一同は気付く。光子の姿が見当たらないと。光子は輝雄の訪問を、最終的な縁切りの通告に来るものと早とちりし、絶望して自殺すべく、近所の山へ登って行ってしまった。輝雄は光子のあとを追い、危機一髪のところで、光子の身投げを食い止める。二人は無事結婚。新天地、満州に移住して、農業にいそしみ、〝新しき土〟を耕す。

ファンク版が予告した〝新次元〟

以上の基本的筋立てそれ自体は、さして終末的ではないように見えます。光子の悲嘆の度合が彼女に精神的・肉体的終末をもたらしかねなかったという点では、終末っぽいですけれど。実際、この基本的筋立てにそのまま淡々と従ってまとめられた伊丹万作版は、スケールの大きめな恋愛映画として普通に観てしまえるでしょう。

しかし、ファンク版は違います。このドイツ人は、先の物語の骨格にたっぷりとパニック的場面を肉づけし、それを一篇の見事な災害カタストロフ映画に仕立ててしまいました。

その仕掛けを説明しましょう。ファンクにはおそらく、日本が火山国で関東大震災のような災厄に見舞われたばかりの国との印象が強くあったのだと思います。ファンクの来日は一九三六（昭和一一）年ですから、大震災からまだ一三年です。彼はそうした日本像を映画において効果的に表現すべく、日本の空間的・地理的設定をまったく現実ばなれした、象徴的なものに変えました。ファンク版『新しき土』の世界では、そうとはっきり説明されるわけではないのですが、どうやら日本の中心には浅間山と焼岳（やけだけ）が隣り合わせに存在し、この両火山は極めて活発に活動しており、そのすぐ近くに東京や横浜や大阪や嚴島（いつくしま）神社が肩を寄せ合っているといった具合になっているようなのです。富士山もすぐそばにあります。

ファンクは、映画の冒頭から、やたら噴煙を上げる火山のカットを挿入し、輝雄が日本に戻って逗留するホテルにも、大和家にも、何かというとしょっちゅう地震が襲うように仕向けます。農民役の俳優には、「この国の土はもう古びてしまって、耕すことができない」などというセリフを言わせながら、火山灰地の貧しい土をいじらせたりもします。

そして、光子が身投げしようとする後半のクライマックスの場面。このくだりで、ファンクは山岳アクション映画の巨匠としての能力を爆発させます。光子が山に登ってゆくと、山は突然、噴火を始める。その光景はほとんど世界の終わりの如くであり、大規模な地震や溶岩流がファンク流にデフォルメされた象徴的日本世界を襲い、家は次々と倒壊したり、炎上したりします。この場面の特撮技術を担当しているのは、何を隠そう、戦後に『ゴジラ』で名を馳せる円谷(つぶらや)英二です。そうした、終末的な混乱の中で、輝雄は光子をかろうじて救出し、二人は満州に移住することになるのです。

結局、ファンク版『新しき土』の描く日本とは、のべつまくなしに火山が噴火し、地震が起こり、おまけに土地も痩せて、もはや民族の生活を支え切れなくなった島国です。後半のクライマックスでの輝雄の光子救出劇と、幕切れの二人の満州移住は、もはや日本の国土が最終的に日本人を養い得なくなったことを暗示しているのでしょう。つまり、日本列島の終末です。だから、せっかく日本精神に目覚めた輝雄も、故国を去って満州に新たな生活の舞台を求めねばならなくなるのです。

そのような終末的構図は『日本沈没』を彷彿させます。日本列島が居住不能になり、終末を迎えるので、日本人は国外の新天地に脱出し、新生せねばならないというところは、ファンク版『新しき土』と『日本沈没』とでは、すっかり符合しています。

ディアスポラへの拒否反応

でも、このファンク版『新しき土』は、少なくともそれが封切られた一九三七（昭和一二）年の日本においては、西洋人が日本を歪めて撮った典型的な「国辱映画」というふうに、もっぱら理解されたようです。たとえば作家の久保田万太郎は、東京日日新聞紙上にその映画を評して、次の如く述べました。

「『新しき土』は〝仕方ばなし〟である。日本の国土、景観、人情、風俗、習慣等を説明するための〝仕方ばなし〟である。そしてそれは〝仕方ばなし〟以上の何ものでもないとともに、あくまで現実を歪め、現実を虐げたおどろくべき〝仕方ばなし〟である」

万太郎は、ファンクが火山や地震といった日本的道具立てを過度に強調して、日本地理さえも歪曲して、荒唐無稽な映画をつくってしまったと感じ、嫌悪の情を示しています。火山が噴火しても関東大震災級の破局的地震が襲っても、日本も東京もすぐに元通りになる。新天地を求めて脱出する必然性がこの映画の物語のどこにあるというのだろうか。

万太郎もまた楽天的ニヒリズムに支配されているのです。土地を捨てて出ていく、逃げていく、破壊によって断絶が生じる、そういうディアスポラ的なモティーフを含むタイプの物語を、日本のことに少しでも被せられると、受容できなくなってしまう。拒否反応を起こす。意味が取れなくなる。西洋人は大災害を『ヨハネ黙示録』のような「世界の終わり」に置き換えてしまうのだが、日本人は大災害の翌日にも日常の営みを続けてきたし、それは今後も変わらない。破壊と復興ならともかく、終末と新生の物語を、日本の大災害をネタにして、この国に押しつけるのはやめてほしい。それが万太郎の本音だったのでしょうし、万太郎のみならず、日本人の普通の感想でもあったでしょう。

大災害は訪れる。でもそれはすぐに必ず終わるのです。ファンクのアイデアを拒否してつくられた伊丹版『新しき土』の正体も、地震や噴火の場面を一切カットし、輝雄と光子の単なるリアリズム風メロドラマとして、全体を再構築したものだった。伊丹版は、ファンク版から、破壊と終末と新生といった要素を喚起する部分を拭いさったものに他なりませんでした。

現実可能性としての「終末」、そして天皇

日本に真の破局なし。日本人の離散は起こり得ず。この信仰は日本人の災害慣れからも来ているのでしょうが、「皇国イデオロギー」にも関係していたのかもしれません。『新しき土』公開の年は日中戦争の始まる年です。「皇国イデオロギー」は、破局を決して終末意識まで育て

ないような、その前のところで日本人の思考を麻痺させてしまうような内容を含んでいました。なぜなら、「皇国」とは「千代に八千代に」の、「天壌無窮（てんじょうむきゅう）」の、「神州不滅」の世界なのですから。未来永劫、日本が果てしなく続くことを大前提としているのですから。ここにも楽天主義が現れます。

『新しき土』から『日本沈没』へ。この流れは、楽天主義とニヒリズムのあいだに楔（くさび）を打ち込もうとしたのだと思います。諦めたりやり過ごしたり、なるようになると開き直ったり、あとですぐ元に戻せると思ったり……。いや、いつもそうとは限らないということを日本人に教え諭そうとしたのが、昭和の戦前では『新しき土』、昭和の戦後では『日本沈没』だったのではないか。そう考えます。『新しき土』は無理解に晒され、『日本沈没』はとてつもなく面白い物語としてあっさり受容され過ぎてしまったのかもしれませんが。

けれど平成は確実に次のフェーズを示しました。その時代は、文化でなく現実の事象で、「終末」を突きつけてきました。現実可能性としての「終末」が平成になって躍り出てきて、これまでの日本人のニヒリズムと諦観と楽天主義の組み合わせでは対応不能ではないかという恐怖をかきたてたのが平成の特徴でしょう。でもやはり日本人はなるようになるで済ませたい人が多い。「対応可能派」と「対応不能派」が今日も争っているのが平成の終わりのダイアリーでしょう。

そして、そのことを西暦で言わずに平成と言うのには、それなりの理由があります。災害と天皇の歴史的に深い関わりをふまえて、今上天皇は災害カタストロフの連続に積極的に向き合われているし、東日本大震災と福島の原発事故にも真摯に悩まれ苦しまれています。その原発事故こそ現実可能性としての「終末」を垣間見させるものに他ならず、さらに、これはまた別の話ですが、平成には、血筋の問題として「天皇の終末」が心配されるという新事態も、巻き起こったからです。

天皇と、決して楽天主義では済まない終末論的なニヒリズム。この組み合わせに、平成の平らかに成りようのないドラマがあります。

第四章　今上天皇のロマン主義
——災害とニヒリズム（下）

「いかなるときも国民とともにあること」

天皇が即位して初めて公に言葉を発するという一種の儀式を「即位後朝見の儀」と呼びます。一九八九（平成元）年一月九日、つまり正式な改元日一月八日の翌日に、今上天皇は「即位後朝見の儀」を行い、次のように述べられました。

「ここに、皇位を継承するに当たり、大行（たいこう）天皇の御遺徳に深く思いをいたし、いかなるときも国民とともにあることを念願された御心を心としつつ、皆さんとともに日本国憲法を守り、これに従って責務を果たすことを誓い、国運の一層の進展と世界の平和、人類福祉の増進を切に希望してやみません」

「大行天皇」、すなわち先帝の昭和天皇の「御遺徳に深く思いをいたし」、「いかなるときも国民とともにあること」を第一義とすると宣言されている。ここからは昭和天皇が一九四六（昭和二一）年の正月に発し、当時はまだ少年だった今上天皇にも深く突き刺さったはずの、いわゆる「人間宣言」からのエコーが鳴り響いているでしょう。いや、「人間宣言」のバトンを譲り受けたことの確たる宣言と解釈するくらいでちょうどいいでしょう。言葉にそのくらいの強度があります。「人間宣言」の思い起こすべき箇所は次のくだりですね。

「朕（ちん）ト爾等（なんじら）国民トノ間ノ紐帯（ちゅうたい）ハ、終始相互ノ信頼ト敬愛トニ依リテ結バレ、単ナル神話ト伝説トニ依リテ生ゼルモノニ非ズ。天皇ヲ以テ現御神（あきつみかみ）トシ、且日本国民ヲ以テ他ノ民族ニ優越セル民族ニシテ、延（ひい）テ世界ヲ支配スベキ運命ヲ有ストノ架空ナル観念ニ基クモノニモ非ズ」

「いかなるときも国民とともにあること」という今上天皇の「即位後朝見の儀」における宣言は、「終始相互ノ信頼ト敬愛トニ依リテ結バレ」という昭和天皇の「人間宣言」の核心部分と響き合っているのです。翻訳と言っても真似と言ってもなぞりと言ってもよい。昭和の「人間宣言」には「朕ハ茲（ここ）ニ誓ヲ新ニシテ国運ヲ開カント欲ス」との文言もあります。平成の言わば「即位宣言」も「国運の一層の進展」との文言を含み、その「国運の進展」は「日本国憲法」と「平和」と「福祉」の三点セットと関連づけられ条件づけられているようにも読めるでしょう。「人間宣言」は、戦後民主主義と天皇との折り合いをつけてこれから制定される「日本国憲法」における天皇の位置づけを予告しようとする言葉とも位置づけられるので、「人間宣言」と「即位後朝見の儀」の相同性ないし連続性にはやはり際だったものがあると思います。

そして、これはやはり不幸なことなのですけれども、平成という時代での今上天皇の「いかなるときも国民とともにあること」への願いは、特に災害とつながるかたちで繰り返し実践されてゆきました。被災地訪問のこれでもかこれでもかという積み重ねです。

雲仙普賢岳噴火の避難所での光景

災害時代としての平成の序曲を奏でたのは一九九〇（平成二）年からの雲仙普賢岳の噴火であったでしょう。噴火活動は長く続き、一九九一（平成三）年六月には大規模火砕流に大勢が巻き込まれ、死者・行方不明者は四三人に達しました。避難区域も拡大し、国道や島原鉄道が寸断されてゆきました。天皇と皇后が被災地を見舞ったのは同年七月一〇日でした。日帰りの強行日程で、朝に赤坂御所を出発し、長崎県島原市に着いたら、すぐに県知事、島原市長、火山学者らと懇談して被災状況を把握し、それから被災民の避難所を訪ね回りました。まず島原市内の霊丘公園避難住民仮設住宅、市立総合体育館、市立第三小学校体育館、同じく第一小学校体育館に行き、それから布津町にヘリコプターで飛び、その途中に空から被災状況を見聞しました。民の暮らしがどうかと山に登って国見した古代の天皇のふるまいの、山登りではなくヘリコプターを使っての、まさに再現ですね！　そして布津町に着くと、また避難所めぐり。町立布津中学校体育館、それから深江町の深江町ふれあいの家と池平テニスコート避難住民仮設住宅へ。

結局避難所だけで一日に七カ所も訪れているのですよ、このときは。しかもそれは儀礼的・形式的なものでは決してなかった。立って歩いて通り過ぎて手を振ったりお辞儀をしたりあいさつしたり、というのとは根本的に違う。膝を曲げて、ときには床にじかに座ってしまう。

胡座をかいてしまう。被災者と対座して、同じ高さになって、親しく様子を訊く。語り合う。近代の天皇がそこまでした事例はなかった。昭和天皇が戦争中に大空襲直後の東京の廃墟と化した街を視察したといっても、それは一種のお忍びであって、「大元帥陛下」がまさか被災者に対して屈んだり、地べたに座るということはあり得なかった。それをついにありうるようにしたのが平成の今上天皇でしょう。

戦争か大災害でもなくては、やろうと思ってもそこまで実際にやる機会はなかなかないのでしょうが、平成は始まったら、少なくとも日本の地面や気象の問題で言えば、いきなり平らかでなくなって、その傾向は、あとから見れば二〇一一（平成二三）年の東日本大震災に向かうかのように、拍車がかかっていった。北海道南西沖地震があり、阪神・淡路大震災があり、新潟県中越沖地震があり、そして東日本大震災が来る。そのあともある。熊本も揺れ、阿蘇も噴火し、大阪も北海道も揺れるというふうに。平成三年の島原市と布津町と深江町への天皇訪問は例外的出来事にならなかった。かなりの頻度で繰り返されることのモデルになった。そして、天皇の避難所での胡座は、天皇が国民と「終始相互ノ信頼ト敬愛トニ依リテ結バレ」「いかなるときも国民とともにあること」の視覚的具現になりました。繰り返される災害という「平成の不幸」は、今上天皇の求める「戦後民主主義的天皇像」にその具体化のための機会を与え続けたとも言えるでしょう。

天皇の不徳の現れとしての災害

ただ、天皇は災害のときには民のもとに下りてきて膝をつくようなことをする存在だとか、天皇と民はじかにふれあうのが当たり前だという思想は、戦後民主主義によって新たにもたらされたものではありません。天皇は災害と無関係だし、民の前にも姿を現すものではないという考え方があるとすれば、それは必ずしもオーソドックスではないでしょう。災害と天皇の関わり。天皇と民の直接的交流。どちらも戦後民主主義よりもずっと前の時代の、天皇の長い歴史と呼応するものがあります。

たとえば八六九（貞観〈じょうがん〉一一）年の貞観地震のとき。東北地方は地震だけでなく大津波に襲われ、波浪は多賀城の国府にまでも押し寄せました。この八六九年の地震と津波の研究がもっと早く進み、東北沿岸部は岩手県や宮城県北部のリアス式海岸のみならず、もっと平坦な海岸線の部分でも大津波に襲われるリスクのあることが知識として共有されていれば、宮城県や福島県の沿岸に原子力発電所を建てる話の行方もまた変わっていたかもしれません。しかし、近代のデータだけで宮城県の女川も福島県の沿岸も大地震や大津波からは比較的安全であるとされた。そんなことを今更申しても詮方ないですが、とにかく『日本三代実録』によれば、貞観地震のおり、ときの清和天皇は、このような天災の起きる理由は自らの不徳にあるので、民に詫びたいという詔勅を出しています。

なぜ、そういう理屈になるのか。これは儒教の天譴思想、あるいは天人相関説に由来するのですね。儒教では皇帝は天意を地上で実現するミッションを担う存在と考えます。儒教ですから、人の世で実現の求められる価値とは、滝沢馬琴の『南総里見八犬伝』に出てくる八つの徳目「仁義礼智忠信孝悌」みたいなものですよ。皇帝は力尽くで下々を従えればいいという話ではまったくないのですね。倫理道徳がよく守られて正義が実現して平らかに成っていないといけない。そのために皇帝がいる。天の助けがあってこそ皇帝は皇帝の地位にいられるのであって、その見返りは倫理道徳の実現です。それができないと天が皇帝を罰する。天の怒りは地震や噴火といった災害として現れるのです。

この場合、天は人民でなく、皇帝に対して怒りを向けているという理解が、本来の天譴思想です。関東大震災のとき、渋沢栄一は地震を私利私欲に走り公益を顧みない守銭奴たちへの天譴と述べ、東日本大震災のとき石原慎太郎は現代人の驕りを戒める天罰といったことを口にして、どちらも騒ぎを起こしましたが、これは東洋の天譴思想とは違います。むしろ『旧約聖書』のバベルの塔の話、ユダヤ教やキリスト教ならではの、原罪を背負った人間全体に繰り返し与えられる神罰の発想を、日本に知らず知らずに応用してしまっているのでしょう。

それはともかく、大陸から儒教とともに天譴論が日本に移植されると、当然、天皇に対して天の怒りが降り注ぐときに、この国には地震や火山噴火や津波が起きると理解されました。だから災害が起きると清和天皇が民にお詫びをするのです。そして見舞いの品を渡し、民を慰め、励まし、天皇に不徳あれど、なおこの国で共に生きようと、連帯を促すのです。それが災害が起きたときの古代国家での天皇の役回りでした。災害と天皇は深くつながる。日本の歴史と伝統に則せばそうなるのです。

特に清和天皇の時代は平成を思わせるところがあります。東北の地震と津波だけではありません。その前後にも、富士山や阿蘇山の噴火、南海地震など、大規模な自然災害が集中的に起きています。人災も多かったし台風の被害もありました。大地動乱の時代と言っていいでしょう。現代の地震学者や火山学者からは、平成と貞観の時代との類似を指摘する声も多く出ていますね。

そういう相重なる状況の中で、清和天皇は儒教の天譴論から自然災害を我が身に降りかかるものと意識し、民に詫びて身をただし、復興の務めを果たそうとする。今上天皇は戦後民主主義の中に天皇の居場所を求める立場から、天皇と国民とが対等の人間として共感共苦し相互に信頼関係を深めるしかないとの、昭和天皇が「人間宣言」で示し自らも即位時に確認した道を思い詰めてひた走り、どちらも民に対して身を屈めるところに帰着してくる。しかも共に自然災害が身を屈める筋書きをかたちづくっている。貞観と平成は自然災害多発期という客観的事実のみならず、「身を屈める天皇」をダブってつくり出しているところでも、日本という国の構造の根幹に触れてくる時代だと思うのです。

いや、構造の根幹ではなく、構造の例外ではないか。そうお考えになる向きも、当然あろうかと存じます。天皇は本来、神秘なる畏き所にいて、民を超越しているもので、民に対して身を屈めたり、立場を同じくして同じ高さで対面して親しく話したりするのは、特殊な場合ではないか。確かにそうとも言えるでしょう。でも、災害多発の異常事態が例外をつくり出すとか、戦後民主主義と天皇を折り合わせるための敗戦以降の新事態とかと、決めつけられないとも思います。天皇と民が水平にふれあい続け、常に親しくするのが、この国の本来のありよう。災害などの非常時の例外現象ではなく、この国のあるべき常態。実は、そう宣言しているとも解釈できる古典文学中の古典文学があるのです。『万葉集』です。「日本浪曼派」の文学者でとりわけ昭和の戦争の時代に大きな存在感を示した保田與重郎（一九一〇〈明治四三〉年～一九八一〈昭和五六〉年）のなかなか説得力に富んだ議論に従えば、『万葉集』の示す天皇観はそのようにも理解できるのです。

『万葉集』に託された天皇のありよう

『万葉集』は四五〇〇を超える歌を収めた膨大な歌集です。しかも歌を詠む人は天皇から名もない庶民まで古代日本のあらゆる階層に及んでいます。ほとんどカオスと呼びたいほどです。

しかしむろん、その配列は工夫されています。ただ漫然と一切合切を押し込めているわけではありません。順番に編者の思想、古代日本の国家社会の理想が投影されている。それでこそ編纂された意味もあろうというもの。保田與重郎はそう考えて『万葉集』を読み解きました。

歌の並べ方に思想がある。もしもそうだとすれば、真っ先に注目されるべきは巻頭の歌でしょう。『万葉集』の最初の歌はなんでしょうか。大和国の泊瀬朝倉に宮を構えた第二一代の天皇、雄略天皇の歌です。『万葉集』の巻の一の一番目に置かれるその歌は、朝倉宮のそばで、籠を提げて菜を摘む乙女に、雄略天皇が呼び掛ける長歌なのです。

その長歌はこう始まります。「籠もよ、美籠もち、掘串もよ、美掘串もち、この岳に、菜摘ます兒、家告らせ、名告らさね」

保田與重郎は晩年、子供向けに『萬葉集物語』（一九七八〈昭和五三〉年）なる小冊子を著しました。そこに載る現代語訳を引きましょう。「いい竹籠だね、そんないい竹籠を持って、いい掘串、そんないい掘串を持って、この丘の若菜を摘んでおられる娘さんよ、どこの家の子なの、家の名をおっしゃい、あなたの名まえをおっしゃい」。掘串とは菜の根を掘り起こすための小さなスキのようなもののことを言います。

天皇の歌はこう続いて結ばれます。「空見つ、大和の国は、おしなべて、吾こそ居れ、敷きなべて、吾こそ座せ。吾をこそ、背とは告らめ、家をも名をも」

保田の訳はこうです。「この大和の国は、ぜんぶ、わたしがおさめている。はしからはしまで、わたしがとりしずめているのだ。このわたしを、夫にするといっておくれ、そして家をも名をもいっておくれ」

さらに「おしなべて、吾こそ居れ」の「居れ」と「敷きなべて、吾こそ座せ」の「座せ」について は保田の語釈がつきます。「居れ」と「座せ」の二語に、天皇の政治、天皇の存在の本質が示されていると、保田は考えました。「わが国では、国じゅうを支配しているということを、『居る』といいました。同じことを、天皇陛下は国じゅうを『知って』おられる、ともいいました。ただ『座す』とも申します。『座す』というのは『居る』と同じで、おすわりになっているということです」「天皇陛下の政治というものは、天皇陛下が、ただ『居られる』『座っておられる』そして『知っておられる』それだけでよいとしていました。権力で支配するためにいろいろの政治をしようというようなことは、考えておられないのです」

そして保田はこうまとめます。天皇が「春の野に遊ばれて、たまたまご覧になった、若菜を摘む少女に、お心をおよせになり、お作りになったお歌を、萬葉集の第一番におかれたことは、この本を作った人の深いおもいからだと思われます」。「この本を作った人」とは『万葉集』の編者たちのことですが、その思想的核心は大伴家持個人の考え方に集約されると保田は考えています。つまり「居る」や「座す」や「知る」といった言葉に帰してくるのが天皇のありようだという思想は、天皇自らの代々の思想であったかどうかはともかく、天皇かくあるべしと、古代の日本の天皇周辺にあった人々、その代表者としての大伴家持が願っていた内容を示しているのであり、そこに天皇をめぐる日本の伝統の根幹をなす論があるのだと、保田は言うのです。

天皇と民が「言霊」によって対等になる

先の雄略天皇の歌に即して、大伴家持が『万葉集』に託したと保田與重郎の考える天皇論についてもう少し具体的にしましょう。保田は、『万葉集』における家持の天皇論とは「皇神の道義」より出づる「言霊（ことだま）の風雅」ということに結局尽きるのだ、と述べていると思います。なにやら難しげな表現ですが、「皇神の道義」とは、天皇がただ居たり、座っていたり、この国に菜を摘む少女の居ることを知っていたりするということでしょう。居て座って知っているのが天皇の道であり存在理由（＝義）であるのでしょう。一方「言霊の風雅」とは、雄略天皇の歌の場合なら、少女に歌の言葉によって、すなわち理屈の言葉（言挙（ことあ）げされた言葉）ではなく感情の流露としての言葉（言霊としての言葉、霊に魂に直接に響いて気持ちを動かす言葉）によって、まったく素直に呼びかけるということでありましょう。

すると「皇神の道義」と「言霊の風雅」とは天皇にだけ宿るものと、保田は考えているのでしょうか。菜を摘む少女は「皇神の道義」と「言霊の風雅」に弄ばれる対象にすぎないのでしょうか。一方的に天皇に言葉を浴びせ倒される存在なのでしょうか。だとしたら、たとえば昭和天皇の「人間宣言」や今上天皇の即位の言葉のうたう、民との相互的な信頼とか敬愛とかをもたらしもたらされる関係とは違ってしまう。『万葉集』と「人間宣言」以下は交わらなくなってしまう。「万葉の精神」は単に天皇を超越的存在として礼賛するだけに終わってしまう。

そんなことはないのです。保田は大伴家持に天皇と民とのあいだを循環してやまない心の確固たるつながりを言葉の無限運動として想定します。保田はやはり最晩年の著作『わが萬葉集』で大伴家持の次の歌を引いて熱烈に論じるのです。

「春の苑紅匂ふ桃の花下照る道に出で立つ少女」

桃の花の紅が地上の道を照らしている。そこに少女が立っている。その少女がどんな人かは何の描写もない。けれど「春の苑紅匂ふ桃の花」という絢爛豪華な言葉の霊を一身に浴びている少女が美しくないはずはない。「皇神の道義」の象徴かとも思われる「紅匂ふ桃の花」という「言霊の風雅」に包まれた少女は、神のように美しくなければならない。

ここで重要になるのが「下照る道に出で立つ少女」の「下照る」です。この家持の歌は、桃花の下で輝く少女に「皇孫の近き守護神として鎮めおかれた神々」のひとりである「下照姫」という神のイメージをかけた歌と解せると、保田は指摘します。「下照る」は「桃の花の下の道が明るい」といった意味だけでなく、「下から上を照らす姫神」である「下照姫」を掛詞的に連想させるために用いられた言葉であるというのです。

つまり「皇神の道義」と「言霊の風雅」は一方的に天皇から下々に照射されるものではない。上からの「皇神の道義」と「言霊の風雅」は、「下照る道に出で立つ少女」すなわち下照姫という神によって照り返されるのです。反射するだけでなく「下照姫」は自ら照らす力も持っているのでしょう。要するに、上と下で互いに照らして光が永遠にグルグル回る関係です。上と下の分け隔ては結局意味をなさない。互いに照り、照り返される。天皇はただ居て、座って、知って、それで何だか満足していて、民はそんな天皇の私心のなさを感じて何だか幸せな気持ちになって、その幸せな気持ちが天皇に知られて、天皇も幸せになる。

そういう相互の照り返しの中で、いつもまるく治まっている。それが、巻頭に置かれた雄略天皇の長歌から歌集の編纂にあたった大伴家持の歌までを貫く「万葉の精神」として保田與重郎の見いだしたものなのでしょう。その精神は天皇という強きものが少女に出会って心なごみ、少女という弱きものが天皇に出会って心強くなるという無限の循環によって担保されるのです。無限の循環を成り立たしめるのは「言霊」です。理屈を超えて感情に訴える歌の言葉の力です。これで、『万葉集』は「人間宣言」に通じる、天皇と民とが対等になる思想は既に『万葉集』にある、という理屈がお分かりいただけたでしょうか。あくまで保田的解釈に基づくとの留保がつきますけれど。

失われた交感の世界

ところで、保田が『万葉集』にこのような角度から見いだしたユートピアは、実は小さな世界でないとうまくゆきません。天皇と下々が互いを知り合い、感じ合い、照らし合う桃源郷。それは狭い世界でないと持続しにくいのです。「言霊」がききやすい世界は小さくてみなが直接交流可能な世界でなければならない。保田の好きな日本は大国志向の近代国家ではまったくありません。保田の『万葉集』への憧憬はとてもとても小さな日本への憧憬と重なっています。保田の『わが萬葉集』には「狭野の稚國」や「初國小さく作らせり」といった神話時代の文言にこだわるくだりがあります。

「わが國の神話では、この國の開闢に當つた神々は、『初國』を小さく作らしたと傳へてきた。『初國小さく作らせり』といふのである。そして人々はこの初國を『狭野の稚國なるかな』と嘆賞した。私の愛國論は、主義でも思想でもない。このいとしい美しい言葉一つのかもしだす感情に尽きるのである」

「言霊」の威力がきちんと機能し、天皇と民とが言葉を通わせて信頼関係を不断に確立し隙のまったくない理想の日本。保田が「原地の日の本」と呼ぶ原日本のユートピアは「狭野の稚國」であってこそ成立しました。「狭野の稚國」としての日本を愛するのが保田の「愛國論」というわけです。

実はここにニヒリズムが生じます。このような理想的ヴィジョンの通じる日本なんて『万葉集』の時代のうちのごく短い期間にしかすぎません。『万葉集』の時代とは日本がどんどん大きくなる時代であったからです。大和の一郭から天皇が国を眺めていると、少女から老婆まで、少年から老爺まで、民のみんなとふれあえるなどという時代は原初の神話的ユートピア期にしかあり得ません。国が大きくなり人が増え社会機構が複雑になれば、「言霊」の力が衰退し、「言挙げ」の力がそれにとって代わってゆきます。理屈の言葉、法の言葉が、天皇と少女のおおらかな交感の世界をいにしえへと追放するのです。

『万葉集』に収録された歌の詠まれていた長い時代の経過の途中で、もう「小さく作らせ」られたこの国は変質していました。巻一の頭に置かれた雄略天皇の歌はそのときのありのままのリアリズムの歌なのでしょうが、それからずっと後の時代の大伴家持の「春の苑紅匂ふ桃の花下照る道に出で立つ少女」は、理想的なのだけれどもはや取り戻せないだろう過去に思いを馳せ、不可能性の夢になおも熱烈に思いを寄せるロマンティックな歌なのでしょう。ちなみに保田與重郎が「日本浪曼派」を名乗ったのも彼がロマンティストだからです。「原地の日の本」や「狭野の稚國」にまさか戻ることはできない。そう思ってしまえば彼の「愛國」の対象も現実の日本に見つけることはない。愛国者なのに愛する国がない。ニヒリズムに陥る他ないはずだけれど、保田は不可能性の夢に幻滅するのではなくかえって興奮する性を有している。こういう人をロマンティストと呼びます。とにかく「万葉時代」のうちに既に素朴でおおらかな直接交感の神話期は失われ遠ざかっていたのです。

避難所で身を屈める天皇として再降臨

すると天皇はどうすればいいのでしょう? 雄略天皇のように民のひとりひとりに歌を投げかけ投げ返されて、相互的信頼を保っていた頃に戻れぬとすれば? 宮の外に出て多くとふれあおうと思っても、領土や人口の増大がふれあえる人のパーセンテージをひたすら低くしてゆくとなれば? 外に出て歌うのはやめて、内で祈る他ないでしょう。天皇はかつての雄略天皇のように表で少女に言霊を直接に浴びせることは、もはやできないというか、やってもキリがないのでやめてしまった。けれど、その代わり、見えないところで民のために神々に祈りを捧げています。あるいは山に登ったりして高いところまで行って民であるみなさんの見えないところからみなさんを見ています。天皇はそのような存在へと変わっていったのでしょう。ニヒリズムを取り繕う方法はそれしかありません。

でも、天皇の祈りが足りていないのではないか、きちんと見守ってくれていないのではないかと、民が心配になるときもある。たとえば大災害時でしょう。天皇も、民のみんなとふれあえないから雄略天皇のようにはできないと、ニヒリズムに陥っているわけにはゆかないので、清和天皇のときのように祈りが足りなくて済まないと謝ったりする。さらに戦後民主主義と天皇が結びつき、天皇も民と同じ対等な人間であるとの価値意識が強まれば、「天皇は見えないところで民のために祈っていますから、ありがたいと思いなさい」という類の理屈はいよいよ通じなくなります。祈りの行為も可視的にして、同じ人間同士としての信頼関係を不断のアクションによって保たなくてはいけない。ふれあいを求めている民、ふれあえば少しは心が安らぐ民とは、ひとりでも多くふれあわなくてはいけない。天皇は戦後初期から平成へと忙しくなる一方とも言われていますが、それは当然なのです。

保田與重郎的に理解された大伴家持の思想に従えば、『万葉集』の巻頭が雄略天皇の庶民への愛の歌なのは、日本の天皇とは、伝統的に民とふれあい、楽しいこと、苦しいことを民と打ち明け合い、心を通わせることを使命とする存在だからである。その傾向は戦後民主主義によってひたすら強められ、平成という災害の時代にひとつの臨界点に達したような新しい局面を迎えたのです。

かくして、大和の国で少女に声をかけ歌を投げていた雄略天皇は、避難所で胡座をかき、共感共苦する今上天皇として再降臨したのです。貞観の災害に恐れおののき、民に身を屈めて詫びた清和天皇も、やはり今上天皇として再降臨しているのでしょう。

もちろん、今上天皇がたとえいくら被災地を訪問しても、とうの昔に「狭野の稚國」でなくなったこの国では、すべての被災民と膝を交えて雄略天皇時代に仮託された大伴家持の理想を実現することはできません。かといって、今上天皇にはニヒリスティックな雰囲気はほとんど感じられません。諦念もないでしょう。一回でも多く旅をし、ひとりでも多くの国民と喜怒哀楽を共にしたい。その無限の夢が今上天皇をすこぶるロマンティックな天皇にし、それでも老齢で身体が言うことをきかなくなってくれば、諦念の時期に入ってもよいはずのところを、かえって「天皇かくあるべし」というイメージを増幅させる。自らをその任に堪えずと思えば、諦観主義や冷笑主義に陥ることなく、「それでもとりあえず天皇をやり続けておきます」と妙に妥協することもなく、「生前退位」による天皇交替へと大胆に踏みこんでゆく。今上天皇は、大伴家持も保田與重郎も驚くほどのロマン主義者なのかもしれません。

『ゴジラ』と原発事故

災害の時代としての平成。その圧倒的頂点をなすのは、あらためて確認するまでもなく東日本大震災でしょう。二〇一六（平成二八）年、元侍従長の川島裕氏が『随行記　天皇皇后両陛下にお供して』（文藝春秋）という本を出版しました。侍従長として、天皇皇后の外国訪問と、東日本大震災に際しての被災地訪問に随行した記録をまとめたものです。同書には強烈な印象を残した一節があります。

「筆者がかつて在勤したイスラエルは、二千年前にローマ人によって故郷を追われたユダヤ人が、ようやく二十世紀になって自らの土地に立ち戻ったという、いわば究極の難民の歴史を体現する国である。もとより、今回の被災者のケースは、こうした諸外国での難民の事例とは、随分異なるとは言え、やはり、しばらくの間は自らの土地に戻れないという悲しみをかかえた多くの同胞が居るということは、日本人にとって初めての経験と思う」

天皇皇后の埼玉県加須市訪問にお供したときの川島氏の思いの述懐です。訪れた避難所には、福島第一原発に隣接する双葉町の住民二割にあたる約一四〇〇人が集団で移り住んでいる。はからずもここで、ユダヤ人のディアスポラが避難生活の比喩として持ち出されています。これはあくまで侍従長個人の感想ですが、そうした比喩があえて持ち出されていることは、天皇皇后の心の痛みの深さや出来事をどう解釈しておられるかという方向について、深い示唆を与えるものでしょう。

三・一一の直後は、私も北関東に住んでいるので、原発事故の成り行きによってはどこかを彷徨うことになるのではないかとかなり恐怖していました。「放射能の雨」を心配しながら『ゴジラ』や『日本沈没』や『ノストラダムスの大予言』といった日本映画を思い出し、見直してばかりいました。

一九五四（昭和二九）年公開の『ゴジラ』には、三・一一を予言するかのようなシーンがあります。原水爆実験で突然変異を起こした、元は太古の恐竜の生き残りのゴジラが東京を襲う。政治は空転し、責任感のある政治家は登場しない。切り札とされた対策は結局民間任せ。上陸したゴジラを沿岸の高圧電流の通る送電線へと誘導し、接触させ感電死させる。その実行を政府から委託されるのは電力会社です。社名は出ませんが場所から言って東京電力ということになります。

ところが結果は大失敗に終わります。東京に上陸したゴジラは予定通り送電線の鉄塔にぶち当たるものの、水爆にも耐えたゴジラに高圧電流は通じません。かえって怒ってしまい、それまで映画の中の世界の人々が思ってもみなかった新しい能力を発揮します。口から放射能を帯びた高温のガスを吐くのです。送電線の鉄塔はたちまち溶けて曲がって倒れます。そこからゴジラはやたらと放射能をまき散らすようになります。東京中を汚染させて去ってゆきます。

これらの場面から、東日本大震災の津波で福島第一原子力発電所近くの送電線の鉄塔が倒れたことなどが思い出されざるを得ません。するとゴジラが壊れた原発に見えてきました。ゆっくり動いて、口から高濃度放射性物質を吐いて周囲を汚染する。ゴジラはあくまで広島と長崎とビキニ環礁の原水爆の恐怖の合成品です。一九五四年には、まだ日本に原発はありませんし、原発が事故を起こしたらどのような被害が及ぶかについての知見も世界的にはまるで共有されていません。しかし、ゴジラはどう見ても二〇一一（平成二三）年以降は壊れた原発なのです。原水爆なら爆発しますが、怪獣がいきなり爆発しては映画になりませんから、口から放射能を吐いて、原水爆の爆発による衝撃波での破壊の代わりにドスンドスンと大地を震わせながら歩いて、尻尾とかで周囲を壊してゆくようにしたのでしょう。が、そういう設定のいちいちが原水爆よりも地震や津波や原発事故に近く見えてくる。

壊れて放射能が漏れてくる海辺の原発と、海から来て、ゆっくり動いて放射能を吐き散らしては海に戻っていくゴジラのイメージはあまりにもよく似ています。優れたイマジネーションに基づく映画は時代の変化に伴って思いもかけぬ新たな命を吹き込まれることがありますが、『ゴジラ』は典型的にそうした例でしょう。そこをふまえて、本当にゴジラを原発事故と重ね合わせてつくり直した感があるのが二〇一六（平成二八）年の『シン・ゴジラ』ですね。

『日本沈没』に見る原発安全神話

さて、日本で原子力発電が本格化してくるのはやはり一九七〇年代に入ってからでしょう。一九七〇（昭和四五）年一一月に、福井県で関西電力美浜原発の1号機が、翌一九七一（昭和四六）年三月には福島県大熊町で東京電力福島原発（のちに福島第二原発ができるので福島第一と呼ばれるようになりますが）の1号機が、それぞれ営業運転を開始しました。

小松左京の大ベストセラー小説『日本沈没』が刊行されたのは、一九七三（昭和四八）年三月です。ちょうどこの『日本沈没』が売れている真っ最中で、映画化の話も宣伝されていた同年一〇月に石油ショックが起き、ほぼ同じタイミングで五島勉の『ノストラダムスの大予言』が刊行され、これもまたベストセラーになっていきます。

石油ショックの影響で、世の中は節電一色になりました。プロ野球のナイターも開始時刻が繰り上がり、テレビ放送も早めに終了していました。夜は真っ暗闇。デパートでは、エスカレーターやエレベーターの運転を休止していましたね。どこかのお店の止まっているエスカレーターを駆け上ったり駆け下りたりして遊んでいた記憶もあります。

その三年前の一九七〇年の大阪万博のときは、「動く歩道」も登場して、近未来には電気は使い放題になり、町の歩道もベルト・コンベアー式になって、というような話を真面目に聞かされて、実際「動く歩道」には驚かされたし、幼い子供でしたから固く信じましたよ。この三年での落差はとてつもなかったですね。敗戦のときに教科書を墨塗りにする話がありまして、あれは当時の子供に大きな衝撃、国家・社会や学校・教師に対する不信感を与えたようですが、大阪万博から石油ショックへと、崖からいきなり突き落とされるあの感じは、当時の子供に敗戦と墨塗りに近いトラウマを与えたと思います。

映画『日本沈没』はそんな石油ショックの起きた年の暮れに東宝で公開され、大ヒットしました。それを受けて翌年夏に、東宝は映画『ノストラダムスの大予言』を封切ります。これもヒットはしたけれど、『日本沈没』ほどには当たりませんでした。

この二作品は、破滅を描く点で共通していますが、原発の扱い方は非常に対照的なのです。まず映画版『日本沈没』には、そもそも原発は出てきません。地震が起きて日本が沈むのですから、そこにもう建っているはずの原発の後始末ができるかできないかはたいへんな問題だと思うのですが、一切触れられずに済まされます。では、小説のほうはというと、出てくるのです。日本中で大地震や火山噴火が頻発し、日本列島はちぎれて沈んでいく。いよいよ終段というときに原発が少しですが物語に噛みます。舞台は茨城県。日本政府の調査チームが、海底に沈んでしまった原発関連施設から核燃料のゴミが漏れていないかどうかを、調べにやってきます。結果は、問題なかった。深刻な海洋汚染は認められない。「汚染は大したことはなく、大量流出ではなくて、どこかパイプか何かに残っていたものが沈下後海水にとけ出たものらしかった」とあります。日本が沈没しても、原発安全神話は無傷のまま。小松左京はカタストロフの構成要素から原子力を外したのです。彼はリスクを恐れず先端科学技術にかけてゆく作家にして文明批評家でしたから、『日本沈没』でも原発を悪玉にしませんでした。

映画『ノストラダムスの大予言』が描く原発「公害」

それに対して、映画『ノストラダムスの大予言』には、原発が出てきます。しかもとんでもないことになる！　この映画は天変地異や人災が次々と起きて、あと公害などで人間が蝕まれていって、いよいよ人類滅亡かという際どいところに向かって行く物語ですが、主人公の丹波哲郎扮する公害学者が、破局の迫り来る日本の国会で「日本に今後こういうことが起きるだろう」と予言的大演説をする場面があります。山村聰扮する総理大臣が丹波哲郎を国会に呼んで、公聴会みたいな設定なのでしょう、丹波哲郎があの独特な台詞回しの「丹波節」を炸裂させて、最悪の事態による日本の滅亡をいろいろと想定し、その台詞に合わせて丹波哲郎の脳内幻想が映像化されて、観客はそれをスクリーンで観るという趣向です。

その中で、東京を大地震が襲う場面がある。その大地震によって東京近郊の原発が爆発するんですね。すると放射性物質が東京に降り注ぎ、どんどん人が死んでいく。これは怖かった。そのシーンには丹波哲郎のこういう台詞が被ります。「原子力発電所は地震にたいしても、絶対安全とは言えない。だとすれば、そこに発生するのは言語に絶する公害である」

当時はあまりに荒唐無稽でとりとめのない終末イメージのまき散らかし映画として評判が悪かったうえに、被爆者に対する差別的な場面など、問題があるというので、いわゆる「封印作品」になってしまっているのですが、三・一一を経験した私たちはもうこの映画を笑うことはできません。『ノストラダムスの大予言』は、原子力に関しては『日本沈没』よりもリアルなヴィジョンを示していました。原発事故と言わずに、「公害」とわざわざ表現していることも非常に重要です。

「事故」はアクシデントです。東日本大震災そのものは、もちろん未曽有と言っていいくらいの大地震であり、とてつもない大津波を引き起こしました。だからといって、この天災によって引き起こされた原子力発電所の事故や被害まで、「想定外」などという天災の延長線上でとらえていいものか。

いいはずはありませんよ。やはりこの原発事故は、原発公害と考えるほうが適切です。公害は国家や企業の責任を問う種類の出来事という認識でしょう。有害物質をばらまいて人間やその他の生物の生存や健康を脅かす。日本史を振り返れば、大地震や大津波は幾度となく起きています。富士山も噴火している。平安時代にあったことが、明日起きても、明後日起きてもおかしくないのが地球の摂理です。とすれば、原発の事故というものは、人間によって引き起こされた面が大きい。起きたらどんなに恐ろしいかも分かっている。「想定外の事故」として済ませていては後世に禍根を残します。平成に打たれて、末永く日本に痛みを与え続けるだろう楔を、もっと直視しなければいけません。

「持たざる国」の精神主義

そう考えたとき、三・一一を招いた日本と、第二次世界大戦で悲惨な敗戦を経験した日本とは重なってくるところがあります。「持たざる国」が危ない橋を渡りそこねてひどい目に遭うということで同型的なのです。

いきなり近代史になりますが、第一次世界大戦によって、戦争の内容は大きく変わります。科学の発達によって、機関銃や戦車、飛行機、潜水艦、毒ガス、巨大な大砲などがどんどんつくられるようになった。工業資源があって労働力があって新兵器の開発ができて、どんどん生産して補給の続くほうが勝つ。もはやかつてのように、人間の勇敢さや頑張りで勝敗を左右できなくなってくる。第一次世界大戦以降の大戦争は、物量の多寡で勝敗が決するようになった。

そのとき日本はどうしたか。資源に乏しく経済力も不充分なこの国は、その分、兵隊の精神力、やる気に頼っていました。装備の不充分を精神で補うということです。それで日露戦争まではギリギリでやれましたが、アメリカやイギリス、それから第一次世界大戦の最中のロシア革命でできた新興巨大国家であるソ連といった、日本の周囲に領土や利権を持つ仮想敵国と比べると、領土、資源、人口、工業生産力、科学力など、トータルな意味での国力が、かなり見劣りしていました。「持たざる国」なのです。「持てる国」に太刀打ちできない。もともとその傾向があったのが、いよいよ追いつかなくなってきた。

ではどうするか。一方では、次の戦争を何十年か先に引き延ばしながら、その前に日本を世界的な工業国に育て、食料や資源も確保し、英米ソに張り合える国にしようという考え方がありました。たとえば満州国を世界的な重工業地帯にして植民地にしておけば、日本もアメリカと戦えるような豊かな工業力を持った国になれる、というヴィジョンです。

しかし、そうは言っても物量で欧米に追いつくには長くかかるうえ、いつ戦争になるか、分からない。資源の獲得のために植民地拡大をはかれば、そこで戦争が起きてしまうリスクも高まる。

ならばなるべく大戦争をしないほうがよい。当時の国力で米英ソと本気で張り合える軍事力を持とうとして無理をすれば、戦争準備をするだけで国が破産する。なるべく軍備を安上がりにし、その分、精神教育は高めて、強い軍隊であるように対内的にも対外的にも装う。陸軍はそういう方向を強めます。いざ戦争をするとしてもなるべく速戦即決で全面長期戦争にならないように早期に解決をはかる。たとえば開戦したらすぐに相手に大きなダメージを与え、敵国に厭戦気分を喚起し、日本に有利な講和条件で停戦に持ち込む。しかし装備不充分なのにどうやって大国・強国にダメージを与えられるのか。奇襲です。陸軍も海軍も奇襲による短期決戦を考えたがりました。

奇襲を成功させるには作戦もですが勇敢さが重要。陸軍も海軍も精神主義にますます頼りました。精神という無形の戦力で、有形の足りない分を補う。「持たざる国」の信仰です。確かに人間は頑張れば普段以上にやれることはあります。でも無理には限度がある。それでも短期決戦ならごまかせると考えたがる。いつの間にか精神力でどれだけかさ上げできるかという合理的判断基準がとんでしまいました。しかもハワイを奇襲しても、電撃戦でフィリピンやシンガポールを占領しても、アメリカもイギリスも諦めてはくれなかった。短期決戦を意図しながら長期戦になり、長期戦ができるのかという合理的判断を精神力信仰がひたすら狂わせ、最後は精神主義の極限としての「体当たり攻撃」によって長期戦にも勝てるという凄絶な思想展開を見せて、ついに一九四五（昭和二〇）年の悲劇的敗北に辿り着きました。「持たざる」分を精神力でやりくりできると思ったことが失敗のもとでした。

「持たざる国」の原子力

この精神力を原子力に置き換えると、昭和の悲劇と平成の悲劇はけっこう重ねられると思います。戦争による発展に失敗した日本は、今度は平和国家の看板を掲げ、加工貿易国としての発展を目指しました。しかし工業生産、産業文明の基礎は熱エネルギーです。停電してしまうような国では工業の成長は望めない。産業立国にはまず電気。でも「持たざる国」としての条件は変わっていません。石油がない。産油国から買うにしても、もしも中東で大戦争でもあれば、日本は破滅的ダメージを蒙(こうむ)るだろう。石炭では効率が悪い。日本の石炭は地形的に掘るのも手間で高コストで事故も多発する。風力発電や水力発電にも限界がある。そんな「持たざる国」が高度経済成長を持続して、アメリカやソ連や西欧の国々と肩を並べて行こうとするにはどうしたらいいか。そこで夢のエネルギーとして期待されたのが原子力でした。

少ない燃料で、しかもそれをプルサーマルで再利用し、きちんと管理して使っていけば、たいへんな熱源を手にすることができる。蒸気を使ってタービンを回すだけですから、火力発電で石油を燃やしているよりは、少量のウランを核分裂させるだけで、非常に効率的にたくさんの熱を得られ、発電に使える。

エネルギー資源に恵まれない持たざる国でも、原子力を徹底的に追究し、原子力発電所を国中に建設すれば建設するほど豊かになる。石油ショックなどで石油が中東から来なくなっても、ウランをそれなりに持っていれば、さらにそれをプルトニウムにして、プルサーマル発電で再利用することで、日本のエネルギーは安泰だ。持たざる国の究極の選択としての原子力政策を、日本は昭和三〇年代から徹底的に推し進めてきました。むろん、負の側面を努めて小さく評価しながら。

原発を廃炉にしたり、使用済み核燃料を始末したりすることへの不安は、特に当初は今後の技術開発によって解決してゆくのではないかという楽観論で帳消しにされました。後世への負荷はなるべく気にかけないようにして、今とりあえずたくさん電気を得ようという、刹那主義的な選択をして、「原子力発電所って危ないいんじゃないか」と言われても、どこの電力会社でも「持たざる国、エネルギー資源の乏しい国ではこれしかない」というスローガンでやってきたわけです。

その証言になるような映像があります。一九六七（昭和四二）年、東京電力が、福島第一原発、当時は福島原子力発電所を建設するときの宣伝記録映像『黎明』です。現在は、NPO法人「科学映像館」のサイトで自由に見ることができます。

冒頭のナレーションではNHKの平光淳之助アナウンサーの名調子で、次のように説明されます。「工場、ビル、家庭など、電力の使用量は年とともに増大し、一〇年をまたずして今日の二倍以上になることが予想されている。東京電力は、この電力の需要にこたえ、その供給を確保するために、全力をあげて発電所をはじめ、送電線や変電設備などの増強をはかっている。水力発電の再開発、効率の高い火力発電所の建設。火力発電所には、燃料として大量の重油が使われる。ところが我が国の現状では、そのほとんどを輸入にまたなければならない。このようなエネルギー事情を考えて将来に目を向けた場合、必然的に新しいエネルギー源の開発が望まれる。新しいエネルギー、原子力による発電所を建設するのはそのためである」

この語りに合わせ、画面には電気を大量消費する東京の町の風景や水力発電所や火力発電所の姿が映り、重油云々のくだりでは洋上を進むタンカーが空撮されます。そしてその後、福島県の地図が現れ、福島の太平洋岸の発電所建設予定地が過去数百年にわたって、地震や津波、台風の被害を受けておらず、極めて安全であることが強調され、少量のウランからいかに莫大なエネルギーを得ることができるかが説明されます。安心・安全でなおかつ低コストで安定的に発電できる。そうしたロジックで、福島を皮切りに、日本中で原発がつくられていきました。

「日本の成長に原子力は不可欠」という物語

しかも一九七〇年代の石油ショックが、石油から原子力へ切り替えようとする流れを決定づけました。仮に多少のリスクがあったとしても、日本の成長に原子力は不可欠。次にもっと深刻な石油ショックが来たら日本は破滅だ。そういう論法がすっかりコンセンサスを生み出してしまいました。

たとえば、一九七八（昭和五三）年に公開された、田原総一朗原作の映画『原子力戦争』には、岡田英次扮する「御用学者」が、佐藤慶扮する新聞記者から、福島の原発で事故があったのを隠蔽しているのではないかと質問されるシーンがあります。

岡田英次はそれに対して、家一軒の火事で東京全体が焼け野原になるような確率でしか原発事故は起こり得ないと答えます。それでも、起きるのではないかと問い詰められると、それならあなたの頭上に隕石が落ちて、あなたが死ぬことだって起こりうる、と。それだけ、原発は厳重に安全管理されているというわけです。続けて、石油という命綱の脆さを語り、原子力の必要性を唱える。原発推進の模範解答が見事に披露されています。

ところが、映画の物語としてはどうやら本当に何か事故は起きているのです。外部には漏れない程度の事故のようですけれど。しかし岡田英次の科学者は確信犯です。隠蔽できるものは隠蔽して原子力発電をやり続けなくては、日本は産業国家としての地位を失う。水俣病や四日市とか川崎の喘息、駿河湾のヘドロや瀬戸内海の赤潮と同じなのです。公害の発生理由が推測されるとしても、有効な対応をとることが日本経済全体にとってマイナスであれば、少々の犠牲や被害がなんだろうか。ごまかしてでも生産し続ける。発電し続ける。それがよい。岡田英次はそうした思想の表現者を見事に演じています。佐藤慶の新聞記者は結局長いものに巻かれてしまいます。

日本人は、『原子力戦争』で建前として岡田英次の説いたタイプの物語をずっと信じ続けてきました。しかもそこには「核融合」の実現という夢物語までくっついていました。重水素と三重水素の核融合エネルギーを用いた発電所が二〇世紀のうちにきっとでき、そうなればエネルギー源はつまりは水だから、電気はもう使い放題になり、放射性廃棄物もぐっと減るので、ますます安全になるという話が、一九六〇年代の子供向け科学図鑑には必ずといっていいほど載っていました。ウランの核分裂エネルギーを使った原子力発電所は、それまでのつなぎでしかないというのが、その頃によくあった説明でした。

それも今のところウソの域を出ていません。できる、できると先延ばしを続けて、今でもできると言っていますが。最終的な決戦兵器が開発されれば戦争に勝てると言ってついにできないうちに負けてしまうのと、核融合型原発ができるまでのつなぎだと言い続けているうちにつなぎの核分裂型原発が大事故を起こすというのは、とても似た話です。

世界に冠たる国の世界に冠たる大怪我

そもそも、原子力発電は地震がなくても危ないものです。スリーマイルやチェルノブイリの事故は地震で起きたわけではなく、人為的なミスや設備の不備で起きた。日本はそういう設備の不備を起こさないような管理を徹底的にしている。当時のアメリカやソ連よりもはるかに技術的には進んでいて、日本の原子力の安全確保の技術は世界一だと自惚(うぬぼ)れていました。

百歩譲って、地殻的に安定しているヨーロッパの国であれば、少なくとも人災が起きないように厳重に管理すれば、フランスのように原発がたくさんあっても、かなりの確率で安全に管理できるかもしれません。しかし、日本は世界に冠たる地震大国であり、火山も爆発する国です。

「持たざる国」としていくら日本が原子力発電を欲しても、地震や災害に対する徹底した安全管理がなければ、災いの元でしかない。地震も津波もいつ起きてもおかしくない。しかも地震列島日本ですから、他国の事例はあまり参考にならない。そこに考えが真摯に及べば、簡単には原発はこの国につくれないはずでした。それなのに、明治以降に起きた規模の地震だったら耐えられるという程度の説明で、地震や津波対策で高を括ってしまった。そのツケが三・一一以降の「公害」となって現れました。

一九五四（昭和二九）年、原子力発電を日本でも始めるための研究予算を、中曽根康弘代議士が中心になって国会で認めさせたのを元年と考えれば、二〇一一（平成二三）年までは五七年しか経っていません。五七年でひとつの破局を見るような「安全神話」だったわけです。そのうえ後始末に最低でも同程度はかかりそうです。時間的な負荷、狭い国土に住めない土地をつくり出す罪深さ、後始末のお金。これのどこが低コストなのでしょうか。国民的ストレスを金銭に換算すれば、被害額は国家を転覆させるほどでしょう。

戦前日本の課題もエネルギー資源でした。石油がないから、背伸びして東南アジアを取りにいき失敗しました。戦後もまた、石油は輸入頼みになってしまうからと背伸びをして原子力発電所を日本中につくり、言語を絶する公害を生み出してしまった。

二つの時代は、どちらも漏れなく「神話」があった点でも共通しています。戦前であれば、皇軍の戦闘精神は圧倒的であり世界最強という皇軍不敗の神話があり、戦後には原発は絶対に安全だという原発安全神話がありました。繰り返しますが精神力と原子力の二つの力で突っ走り転倒したのです。

さらに、原子力の被害に見舞われたところまで同じです。二〇世紀以降、原子力に関わる大きくネガティヴな出来事といったら、表だっては広島、長崎、スリーマイル、チェルノブイリ、福島の五つでしょう。世界中に原発はあるし、世界の幾つもの国が核兵器を所持しているにもかかわらず、五つのうち三つが日本とは、しかも偶然でも何でもなく、日本の起こした戦争や日本のエネルギー政策あっての出来事だったとは、どういうことなのでしょうか。近現代の世界の中で、日本は背伸びして世界に冠たる国となり、無理して転んだときの怪我の度合いも世界に冠たるものだということの証明ではないでしょうか。

つねに現在あるのみという「中今思想」

「持たざる国」日本は、「持たざる」部分を補うためにハイリスク・ハイリターンを狙って、リターンも取ったのでしょうが、リスクを最大級に実体化させて受け取ってしまった。二回やってしまったのは日本の大いなる反省材料です。三度やらないようにと願って、こういう話を致しております。

では、平成に経験した「第二の敗戦」から、日本は何かを学び取ったでしょうか。今のところ懲りた雰囲気は認められません。むしろ刹那主義にいっそう拍車がかかってきているように思われます。

先に述べた通り、日本のカタストロフ観には、二つあるでしょう。大災害に襲われたら、また復興すればいい。古来大きな天災に見舞われ続けてきた日本には、復興・復元を諦めない精神性も確かにあります。しかし同時に、つねにカタストロフと背中合わせだから、刹那主義でいい、どうせ何を積み上げてもチャラになるという、投げやりな発想も日本人には身についています。

現在はどうか。原発事故、地震リスク、少子化、北朝鮮という具合に、全国家的・全国民的危機が束になって折り重なっているような日常を私たちは生きています。これだけの複合危機になると、解決のヴィジョンなど示しようがない。どうせいつ滅びるか分からないから、楽しんで考えられることだけやりましょう。東は東京オリンピック、西は大阪万博で一花咲かせて散りましょう。そんな刹那主義が平成の日本を覆い尽くしているのではないでしょうか。

振り返れば、戦時期の日本では、原理日本社のような現状肯定型の右翼が「中今」という時間論を持ち出しました。日本は、つねに現在あるのみ。今の只中のみ。刹那がすべて。だから中今。過去・現在・未来と時間を対象化して分割するという観念に堕ちたら、生きた現実を生々しくありのままにとらえる感覚は衰えてしまう。今に身を任せるのがいい。過去や未来の像をかくかくしかじかと設定して、そこから現在を対象化するような態度は退けられねばならない。一年後に何が起きているかも「神のみぞ知る」だというのに、五カ年計画とか一〇年後の世界とか考えたところで無意味なので、そういう考えを持つ人々は排撃しなくてはいけない。そのような「中今思想」が、戦時期には大きな力を持ちました。

計画的に物事を準備することを退けることこそ日本的だと言う。これは、その場しのぎの刹那主義や、いざというときには精神によって幾らでも力が出てくるから心配せずとも大丈夫という非合理主義とも、すぐ結びつきます。思うままに歌を詠んで言霊で共感して理屈を超えてまとまればよいという態度ともリンクしますので、雄略天皇や保田與重郎を通じて触れた、天皇のありようとも重なってくるところが大きくあります。今この瞬間を生き生きと敏感に感じさせて喜びを与えるのが言霊であり、言霊の使い手は歌詠みであり、天皇から庶民までが歌詠みになって今のありのままをよく感じれば、それが最高という話になりますから。原理日本社は右翼で天皇主義で和歌の価値を特に高唱するので、天皇と民の共感共苦の問題と親和性を持つのは当然なのですが。

とにかく、天皇が安寧を祈り、お見舞いし、共感して、一緒に胡座をかいて、信頼を得ようとする民のほうが、もしも刹那主義や非合理主義に支配されていたら、これは何とも救いがなくなってしまいます。天皇と国民は戦後民主主義の理想通り、自由や平等や愛や自立や子孫への責任について、近代的常識を弁えたうえで共感共苦してくれないと宜しくない。刹那的で非合理な全体主義につながってしまいます。

ニヒリスティックな楽天主義

私は、日本文化本質論、つまり日本人には歴史を超えた一定の本質が永遠に持続しているという議論はあまりしたくないのです。けれど、ひとつは現状肯定的な楽天主義と、もうひとつは、現状を否定したいのだがだからどうするのかという問いには真摯でなく、どうせ災害等でチャラになるからあとのことはあとのことというところで思考停止するニヒリスティックな楽天主義との、二つの態度に関して言えば、もしかして日本人の本質とつながっているのかと思わなくもありません。丸山眞男の論文「歴史意識の古層」に重なる話になってきますが。

ともかくその二つの態度は恐らく、「万世一系神話に基づいて永遠に続くだろう日本」と「大災害によるカタストロフによって瞬間的にリセットされるだろう日本」という両極端な二つの神話とつながっているのでしょう。そして、平成期が特に東日本大震災以来、対処不能な規模で襲いかかる災害へのニヒリスティックな感情を増幅させているがゆえ、リセットされるまでの暇つぶしというタイプの虚無的楽天主義のほうが強めに現れているような気がしてなりません。終わりなき日常ならぬ「終わりなき非日常」をいかに切り抜けてゆくか、粘り腰で真摯に、いかにも民主主義世界を生きる市民のように考えようという人々はマイノリティに見えます。

バブルの真っ只中に始まった平成は、巨大な天災と人災に同時に襲われ、その傷が癒えぬどころか、その傷から蝕まれて戦後日本のさまざまな分野の貯金を食いつぶしながら足下を危うくして終わろうとしているのではないでしょうか。そんな時代が「平らかに成る」とは！

第五章 日本会議の悲願
——平成ナショナリズムの正体(上)

二大保守政党制という幻想

今上天皇が退位の「おことば」を発した二〇一六（平成二八）年は、たて続けに「日本会議」に関する書籍が刊行された年でもありました。日本会議と自民党との結びつきが大きく報道され、それをもってナショナリズムの極端化を危惧する声も強まりました。

結党以来、自主憲法制定を党是としてきた政権与党の自民党は、安倍政権のもとでいよいよ改憲に躍起になっている。その背景で影響力を行使していると目される、日本最大の右派系市民団体「日本会議」は、戦後民主主義を否定し、明治憲法への復帰をよしとするイデオロギーがある。両者が手を組んだ平成ナショナリズムが、日本の戦前回帰、軍国主義の復活を加速させている。そのような見立てが世の中に広がりました。

しかし、それは物事を少し単純化し過ぎているのではないかという気もします。平成のナショナリズムの正体は、もう少し複雑怪奇な姿をしているのではないでしょうか。

平成という時代は、偶然かもしれませんが、冷戦構造の崩壊とともに始まりました。冷戦は実際の米ソ戦争を経ずして、ソ連の自壊によって終結した。冷戦は二大強国の力の均衡か不均衡かという力学の問題としても分析できますが、米ソ対立の原因を考えるときに、イデオロギーの問題を抜きにするわけには、まさかまいりません。人間社会を、産業革命以後の生産力が拡大する歴史において、資本主義と社会主義のどちらがより豊かに理想化できるか。その対立が冷戦の表向きの理由ですね。ところがソ連は、アメリカとの軍拡競争についに耐えられず、ソ連の国民に物質的な満足を与えることもできず、壊れてしまった。それによって社会主義の正統性は失われ、資本主義だけが残った。

社会主義でもマルクス主義を徹底する国は、共産党や労働党が資本主義や自由主義の矛盾を解決する最終的正答を独占的に全部持っているのだからという理屈で、他の政党の存在を認めません。他の政党は必ず間違ったことを言うから百害あって一利なしとする。ここから一党独裁の理屈が出てきます。

その一種の裏返しが資本主義世界でも起きました。社会主義に効力のないことがソ連という壮大な歴史的実験の果てに証明されたのだから、資本主義世界に社会主義政党の存在する正統性はもはやない。資本主義に対抗できる唯一の大きなイデオロギーが社会主義だったとすれば、それが壊れて立ち直れなくなったのだから、資本主義社会とそれに見合った政治的仕組みしか残らない。イデオロギー闘争の答えが出た。だから、イデオロギーの時代は終わった。アメリカが代表し象徴する価値観が唯一無二の真理として残る。

冷戦構造崩壊後に蔓延したのはそういう考え方です。世界はこぞってアメリカを最大の文明の基準国とするかたちで、政治的にはリベラル・デモクラシーに収斂（しゅうれん）していくだろう。経済的にはグローバル資本主義です。これは世界的潮流には違いありませんでしたが、そこに猪突猛進的に飛びついて、かなり純粋に素直にその通りだと信じ込み、政党地図を過激に革新しようと邁進したのが日本だったのでしょう。フランシス・フクヤマの『歴史の終わり』の影響もとても大きかったと思います。そうして日本では政界再編の機運が高まり、二大保守政党のアイデアへとつながっていきます。

脱イデオロギーの時代となりますと、極端な右翼も極端な左翼も必要ない。真実は米ソ冷戦を勝ち残ったアメリカの体現しているものにあるという信仰が、たちまち確立する。アメリカの国会では、一九世紀の半ば以来、民主党と共和党しか政党として議席を有してこなかった長い歴史があります。アメリカ共産党も昔からあることはあるのですが、一議席も取れたことがありません。そして民主党と共和党は革新政党ではない。アメリカの国是である資本主義と自由主義を認めて、アメリカの今の基本を認めて、ただその基本をよりよく実現するために目指すものに差があるので、争うかたちになる。国是をいじらないことが前提ならば保守政党です。

現在の自民党は戦後民主主義の根幹を憲法まで含めて変えたいようですから、復古政党か革新政党か、いずれにせよ保守政党ではないという理解もありうるでしょう。

閑話休題。アメリカの民主党と共和党は、先の意味でどちらも保守政党です。二大保守政党の国がアメリカです。そのアメリカの価値観に対抗する原理が消滅して、二一世紀は真のパックス・アメリカーナの時代になる。アメリカ型の資本主義と自由主義にのっとりながら、それを調整していくことだけが経済と政治の常なる問題になるだろう。他はないだろう。アメリカに倣い、世界には自由化・民主化の波が広がって、アメリカをグローバル・スタンダードとした一元化が達成されるだろう。日米安保体制を基軸にアメリカとの友好を深めてきた日本が、そこで真っ先にアメリカを上手に真似できなくてどうするのか。アメリカのような二大保守政党制を日本に適用し実現することが政治の進歩だと、多くの政治学者も大新聞も信じ込んでいたし、今も信じ続けている節があります。

けれども、保守二大政党モデルは実際にはアメリカでしか成立してきませんでした。他に同様の例として挙がっていたのは長くイギリスですが、第三党がそれなりの地位を持ってきたイギリスを二大政党の国と呼ぶには無理があるという意見が、近年では定説化しているでしょう。保守二大政党モデルで政党政治がうまく運ぶ実績をつくっているのは、世界広し、といえどもアメリカだけと言ってよい。グローバル・スタンダードというより、アメリカにおいてのみ特異に発展できたガラパゴス的な政党制と理解したほうがよいようなものです。それがなぜ日本でもすぐ通用しうるとみなが思ったのかは、まったくの謎です。

「自由」に支えられる国、アメリカ

すると、なぜ日本が、に先んじる謎として、なぜアメリカで保守二大政党制が安定的に成立してきたかという謎が出てまいるでしょう。アメリカという国は、独立一〇〇周年を記念してフランスからもらった自由の女神が象徴しているように、自由こそが国を支える基本的な価値観になっています。そこから、自由競争と私有財産制を絶対の基礎とする資本主義も正しい選択ということになる。ただ、その自由についての考え方が共和党と民主党では違うのです。

共和党の考える自由は、やはり基調としてはリバタリアン的な自由でしょう。すなわち自由放任、自己責任で、国家はできるだけ個人や共同体に干渉すべきでないと考えるのです。だから、国ないし広い意味での公共が自分の財産を侵害することは一切認めたくない。たとえば税金ですね。リバタリアンは税金に対してネガティヴな自由主義者です。だって自分のお金を取られるのですから。自分の稼ぎはすべて自分で使えるべきで、どんな理由があっても他者に取られたくないのです。アメリカが銃社会なのもこの考え方に支えられています。税金を払って警察や軍隊を養うよりも、自分の身は自分で守りたいということなのです。こういうメンタリティは開拓時代に培われたものでしょう。古典的西部劇を観れば分かります。

そういえば、私が少年の頃に観たアメリカの白黒のテレビ映画の西部劇で忘れられない物語があります。西部の開拓村に老婆がひとりで住んでいて、けっこうな現金を持っている。家に置いているのです。保安官が銀行に預けるのがいいと説得するのですが、おばあさんは保安官も銀行も信用していません。寄らば斬るぞ、という雰囲気で、殺気立っていて、家に立てこもり、結局、強盗に襲われ、保安官に助けてもらい、改心するのですが、この改心する前のおばあさんがリバタリアンの典型ですね。

ともかく、極端なリバタリアニズムを追求すれば、成功も失敗も自分次第ということになります。人生に失敗したら、餓死しようが野垂れ死にしようがやむを得ない。病院にかかるのなら、保険は関係なく自分のお金で治療できることをして、治療できなかったらくたばってもしようがない。リバタリアンはみんなでみんなを支えるのではなく自分で自分を支える。自分の力が足りなければ自己責任で諦める。むろん、それは極論で、リバタリアンといえども社会に生きているのですから、周囲に信任されないと個人として生きられませんので、応分の配慮や負担というものは必要です。リバタリアンはロビンソン・クルーソーではなく、資本主義社会で生きているのですから。

それから、核ミサイルを防ぎ身を守るといった次元になると、銃社会では立ち向かえません。個人でできることを超えてきます。一家に一台、迎撃ミサイルというわけにもいきません。そうなると、さすがに国家に期待するし、アメリカ人の自由な経済活動を海外で邪魔するような敵の存在があれば、これも自主武装してアメリカ先住民と戦うアングロサクソンの西部開拓民のようにはいかないので、その排除を国家に期待しますね。そちらの面がクローズ・アップされるときには、共和党は戦争好きで軍拡というようにも見えます。

要は、共和党を支えるリバタリアンのメンタリティの根本は、個人が最大にフリーの立場を行使しつつ、共に和して国をつくっておこうということにあります。努めてフリーでありたい個人の求めるものは、少ない税金であり、小さな政府であり、規制撤廃でありまして、民間でできることは民間で、警察よりも個々人の武装で、銃社会万歳というところまで行ってしまうのです。

まとめますと、共和党はアメリカの歴史あってこその共和党なのです。そこまで他人や社会や国家を信用できないメンタリティは、先住民に脅かされつつ自己責任で生きることを運命づけられた開拓民のフロンティア・スピリットが国民の始源の記憶となっている国でしか、根づきません。日本列島でぬくぬくと生きてきた日本人には、アメリカの二大保守政党の片方の思考パターンはまったく理解不能と言ってもよいくらいのものなのです。

理念先行の人工国家としての特殊性

それに対してアメリカの民主党のほうはどうでしょうか。民主党の自由はリベラルな自由なのですね。リバタリアンのように放任されている自由ではありません。裸のまま放置されて、お前は自由だと言われても、生きていけないでしょう。リベラルはそれが自由だとは考えません。リベラルの自由は人権が込みなのです。人間は人間らしく生きる条件が整ってこそ初めて自由になれると考える。それがリベラルな自由です。

そこでもし、人間らしく生きる前提を保てない人がいたらどうするか。周囲が、社会が、政府が、公共が、整えてあげねばならないのです。ひとりひとりの人間に社会がお金をかけなくてはならない。そのため多少他人のために自分が犠牲になっても、医療や福祉のために多少高い税金を取られることもよしとする。最低限の暮らしが営める権利を社会が与えてこそ、人間は初めて自由になると考えるわけです。

こちらのほうが日本人には馴染み深く分かりやすいと思いますが、アメリカの民主党メンタリティは、さっきの西部劇の話で申すと、老婆の改心であり、ポスト開拓民思想であり、フロンティアが都市になってからのリバタリアンに対する反動でありますから、その歴史的経緯を抜きにして、民主党を理解しようとするのは無理筋です。西部劇のフロンティア・スピリットの行き過ぎを正すのが民主党の精神なので、日本のような家族主義やムラ社会主義とは違っているでしょう。

ただ、繰り返せば、自由という価値を尊重する点で二つの党は共通しています。だから、アメリカ合衆国の憲法を変えて別の理念の国家にしようなどとは考えない。その意味で、どちらの党も革新ではなく、自由という価値を守る保守政党なのです。

ここでついでを申せば、アメリカになぜ革新政党が育たないかと言えば、アメリカが理念でできた人工国家だからです。建国の理念の自由に手を触れれば、革新政党らしくなりますが、理念先行の人工国家の理念を変えたら、国家存在の正統性を新しくつくり直さねばなりません。たとえばフランスは、王政でも共和政でもフランスです。フランスに住むフランス人が先行していたからです。ところがアメリカは理念で人を集めてきた国。看板を掛け替えても国が存続する保障はほぼないと言ってよいでしょう。だから保守政党しかないのです。

日本人は、日本を革新しても日本列島にいつく日本人の国は不断に継続するはずという信念を持っているから、革新政党が国家を崩壊させる実感は薄い。だから革新政党があると、かえって政党政治は安定する。ところが冷戦構造の終焉を、日本人は原理的にラディカルに受け取り過ぎて、革新政党の存立基盤は失われたと、多くの政治家や学者やジャーナリストが間違ったゆえに、平成の世は「終わりなき政界再編期を生きろ」状態になってしまったのではないでしょうか。

脱イデオロギーの時代への危機感

アメリカでは、こうした二大政党が体現するそれぞれの自由観が、開拓植民以来の歴史の中で培われてきたし、選挙でも両者がある程度の均衡を保ってきました。つまり、どちらかの党がバカ勝ちするようなことはほとんどなかった。極端に差がつくときでも、三〇〇対一五〇ぐらいですね。それでももう相当に大変なことです。

具体的に申すとアメリカの下院で二〇世紀以降に二大政党のどちらかが一〇〇議席を割ったということは今までたった一度しかありません。世界大恐慌後、民主党のルーズベルト大統領がニュー・ディィール政策を推し進めていた時期の一九三七（昭和一二）年の選挙ですね。そこで共和党の議席が八八まで落ち込みました。一九二九（昭和四）年、ニューヨークのウォール街を震源地として、アメリカの株式大暴落をきっかけに世界大恐慌が起きました。そのときは共和党のフーバー大統領で、放任主義が先に立つ共和党政権は恐慌対策が不充分と言われ、信用は失墜しました。以来、議席数を減らし続け、ついに三桁を割ってしまった。しかし二年後の選挙では倍増しています。世界大恐慌のような破滅的事態が巻き起こって責任を問われても、決して壊滅しない。アメリカ人に開拓者的精神という規範がある限り、不死鳥のように蘇る。途中にどんなしくじりがあっても、最後まで日和らない固定票が何割か存在する。だから二大政党はいつも大きい規模のまま、存続できるのです。

こういうアメリカに特殊な保守二大政党制を真似られると信じて試行錯誤を重ねたのが、平成という時代でしょう。一九九〇年代に入ると一九九三（平成五）年に非自民の八党連立による細川政権ができたのち、一九九四（平成六）年には自民党が社会党や新党さきがけと連立して、村山富市政権が成立した。それに代わる第二保守政党として小沢一郎や鳩山由紀夫、菅直人たちが離合集散を繰り返しながら、新進党、民主党というものをつくってはつぶしてゆきました。

この企ては圧倒的不毛をもたらして日本の政治を破壊したまま、平成も終わりつつあることを、われわれはもう知っています。しかし、政界再編の始まった平成初期には、ぬるめの保守二大政党ができて、左右両極は切り捨てられるのではないかという危機感がありました。その危機感に苛まれ、時代からおいてきぼりをくったとまず感じたのは、左右両極どちらかにいる本人たちだったでしょう。右から見れば、中道化＝脱イデオロギー化は、日本の政治が左旋回したように見える。ソ連が崩壊したって、まだアジアには中国という巨大な共産主義国家が残っている。北朝鮮の脅威もある。にもかかわらず、一九八〇年代までは反共で結束していた自民党が社会党と野合したのだから、危機感は募る一方です。同様に、左から見ると中道化は右傾化に見えるわけです。

「日本会議」の誕生

こうした中道化に対する危機感の中から生まれたのが日本会議でしょう。日本会議の結成された一九九七（平成九）年は、自民党と社民党と新党さきがけの三派連立政権の時代、保守二大政党論真っ盛りの時代です。

そんな中で日本会議は、「日本を守る会」と「日本を守る国民会議」が大同団結して結成されました。どちらも反共産主義、反ソ連、資本主義擁護、日本的なるものの礼賛という点では同じと思われますが、背景や構成員が大きく異なります。

「日本を守る会」は、一九七四（昭和四九）年に神社本庁や生長の家など、宗教右派と呼ばれる勢力の指導的人物が集まって結成されました。代表委員には、生長の家の総裁・谷口雅春や、テレビドラマ『水戸黄門』の題字を認めた臨済宗の指導的僧侶・朝比奈宗源、日蓮宗管長の金子日威、明治神宮宮司の伊藤巽、笠間稲荷神社宮司の塙瑞比古など、仏教界・神道界の言わば憂国の僧侶・神官らが名を連ね、そこに平成の名づけ親とも言われた安岡正篤、修養団の蓮沼門三など、戦前からの国家主義的な思想家・運動家も加わりました。

一方、「日本を守る国民会議」は、一九七八（昭和五三）年に結成された元号法制化実現国民会議の後身団体として、一九八一（昭和五六）年にできました。元号法制化という目標は一九七九（昭和五四）年、大平正芳内閣のときに達成されたので、とりわけ憲法第九条をターゲットとした改憲運動組織として、名を含めて改まったのです。「日本を守る会」が精神運動団体としての性質が強かったとすれば、「日本を守る国民会議」は具体的な政治目標を掲げる、かなりストレートな圧力団体と呼べるでしょう。

メンバーには「日本を守る会」と重複する神社本庁系の人々もいて、事務局の機能は神社本庁が担っていたようです。また、法相宗の高田好胤のような大物僧侶も加わっていました。けれど、「日本を守る国民会議」を特徴づけたのは、中心的な人々に学者・文化人や、財界人、旧軍人、政治家を擁していたことです。だからこそ圧力団体として機能しました。

学者・文化人としては江藤淳、小堀桂一郎、勝部真長、黛敏郎など。財界人としては石川六郎、小山五郎、塚本幸一など。他に元大本営陸軍参謀の瀬島龍三や、旧陸軍から陸上自衛隊幹部、さらに自民党の参議院議員を長く務めた堀江正夫など。まさに多士済々です。そしてもちろん彼らの政治的情熱は、ソ連の脅威ゆえに生み出されていた部分が大きかった。アメリカが共和党のレーガン大統領で、日本の首相が中曽根康弘であった一九八〇年代半ば、米ソ冷戦は最後の高揚を示し、「日本を守る国民会議」の運動も熱を帯びました。北海道にいつソ連軍が侵攻してきてもおかしくない。そう言われたものです。

しかし、ゴルバチョフ書記長のペレストロイカ路線は、ソ連を再生させるつもりで実際には崩壊させてしまいました。「日本を守る会」も「日本を守る国民会議」も、長年、念頭に置いてきた最大の敵を喪失し、特に「日本を守る国民会議」は存続の危機に陥っていったようです。

「日本を守る国民会議」は、反共と改憲を旗印に全国に草の根的な組織網を張りめぐらしていましたが、一九九〇年代以降は会員数も減り、組織存続の危機感が高まっていた。そこで「日本を守る会」と合流して生き残りをはかることとし、日本会議が誕生したわけです。

宗教右派と文化人・財界の結節点──黛敏郎

けれども、ここで疑問が浮かばないでしょうか。いったいなぜ宗教右派の「日本を守る会」と、文化人や財界人らが中心の「日本を守る国民会議」とが統合できたのか。確かに神社本庁の人々がダブっていてつなぎ役になってはいました。しかし、人的構成も性質もやはり異なりますから、二つの組織を接着するのは自然な成り行きでできることではありません。ところが統合は成功し、長続きしている。日本会議は一九九七（平成九）年の結成以降、二〇年にわたって活動を続け、ついに日本の政治を動かす団体と言われるようになり、日本会議を扱う本がベストセラーになるに至りました。

日本会議が二つの母体の組織風土の相違にもめげず、それだけの存在感を示して続いているのには、やはり二つの風土を越境してつなげた人物の存在が想定されるかと思うのです。宗教の世界と文化の世界と政治の世界と実業の世界を、しっかり結びつけられた人がいたのです。日本会議の強さは、二つの組織を束ねたことで生まれたトータリティにあるのではないでしょうか。そうした、強く全体的で包括的な組織を誕生させる第一のキーパーソンは、「日本を守る国民会議」の結成時から運営委員長、議長代行、議長を歴任した、作曲家の黛敏郎だったかと思うのです。

黛は、「日本を守る国民会議」の議長から日本会議の初代会長に就任する予定でしたが、発足直前にガンとの闘いの末に世を去ってしまいました。日本会議の設立大会は一九九七年五月三〇日ですけれども、黛が逝ったのは四月一〇日です。全部の段取りをつけて、統合前の「日本を守る国民会議」の最後の総会も同年三月二〇日にしきってから、亡くなりました。二つの組織の統合は、やはり黛なくしてはならなかったのではないでしょうか。その役割の大きさはあらためて注目されるべきだと考えます。

でも、日本会議を扱ったこれまでの書籍の中では、黛敏郎はあまり注目されていないようです。たとえば、菅野完さんの『日本会議の研究』（扶桑社新書）には黛敏郎の名前は一度も挙がっていないようです。青木理さんの『日本会議の正体』（平凡社新書）では何度か登場しますが、もっぱら「日本を守る国民会議」での活動が中心で、「日本を守る会」との関係は描かれていません。朝日新聞の藤生明記者の『ドキュメント　日本会議』（ちくま新書）は例外で、黛敏郎の人柄で二つの組織がまとまったと述べられています。これはもうその通りかと思われますが、やはり人柄の前の段階で、黛敏郎がなぜ二つの組織にまたがって、土俵のかなり違うさまざまな人々の心を収攬（しゅうらん）できていたかが考察されなくてはなりますまい。

黛敏郎は、「日本を守る国民会議」の議長として、名ばかりではなく多分に実務的に寸暇を惜しんで組織を引っ張っていたのですから、名実共に同会議の指導者でした。彼は戦後日本の生んだ、クラシック音楽の代表的な作曲家のひとりです。その作品は昭和三〇年代のうちに、ベルリン・フィルハーモニー管弦楽団やニューヨーク・フィルハーモニックなどによって演奏されていました。武満徹に先駆ける大スターでした。レナード・バーンスタインをはじめとする名だたる指揮者が黛の音楽を取り上げ、代表作のレコードは欧米でも発売され、日本人として初めてハリウッド映画の音楽を担当し、ヨーロッパの一流歌劇場から新作の委嘱も受けました。ジョン・ヒューストン監督の『天地創造』（一九六六〈昭和四一〉年）やベルリン・ドイツオペラの委嘱による三島由紀夫原作のオペラ《金閣寺》（一九七六〈昭和五一〉年）がそうです。おまけに演説をしても司会をしてもそつがない。テレビの音楽番組『題名のない音楽会』の司会者としてお茶の間にも長年知られ続けた人なのです。

ちなみに『題名のない音楽会』は、出光興産の一社提供です。出光興産の創業者・出光佐三は反共主義者として著名な人物で、いわば彼が黛敏郎のスポンサーとなる形で『題名のない音楽会』を自由にやらせたのでしょう。

三島との友情の続きとして

そんな黛は、三島由紀夫とは戦後早くからの親密な友人でした。黛と三島は、映画や演劇や放送の仕事をたびたび一緒にしました。三島の台本と黛の音楽によるラジオ・ドラマ『ボクシング』は、その分野の古典的名作と呼べるものです。三島原作の映画だと谷口千吉監督の『潮騒』、市川崑監督の『炎上』、井上梅次監督の『黒蜥蜴（とかげ）』などには黛が音楽をつけています。一九五九（昭和三四）年の今上天皇（当時の皇太子）御成婚に際しては、ＮＨＫの委嘱で、三島の作詞、黛の作曲によるカンタータ《祝婚歌》が生まれてもいます。

もっとも三島と黛の蜜月時代はいったん終わります。一九六四（昭和三九）年に三島のオリジナル台本に黛が作曲して日生劇場で初演される予定だったオペラ《美濃子》が黛の仕事の遅れによって流れてしまい、三島がそれに激怒して黛と絶交するのです。黛はその代償のつもりだったのか、ベルリンからの委嘱に応じて三島の小説『金閣寺』をオペラにしようとし、その許諾を黛が三島に直接とりつけたのが、二人が面と向かって会った最後でした。

それから三島は黛に何の相談もすることなく、クーデター未遂事件を起こし、切腹してしまった。黛はオペラ《金閣寺》を無事仕上げて傑作としたけれど、もう三島はいなかった。黛は三島のことで何らかの空虚をいつも抱え続けていたと思います。一九七〇（昭和四五）年の三島事件のあと、黛の政治的・愛国的・右翼的行動は先鋭化していったと言ってよいでしょうが、それはすなわち、何か中途半端なところで絶えてしまった二人の友情の物語の続きを、黛がソロ・パフォーマンスでやり続けたことの現れのように思えなくもありません。

とにかく、そんな黛なのです。戦後初期から作曲家として圧倒的に輝き、それにふさわしいきらびやかな人脈も有していた。江藤淳も小堀桂一郎もまとめられるのが黛なのです。多くの文化人・芸術家の憧れの的が黛なのです。「日本を守る国民会議」が上手にまとまれていた所以でしょう。

しかも、黛は日本会議の初代会長に就任する予定でしたから、宗教右派の「日本を守る会」に対しても相当な求心力があったと推測されます。はて、その求心力の源は何なのか。黛はどうして仏教系や神道系の宗教界にも強かったのか。単に黛が有名人だから神道家や仏教者も一目置いたという話ではありません。もっと直接的なのです。実は黛敏郎の人生には、一九六〇年代から八〇年代にかけて、音楽家として宗教界とつながりを強め、強固な信頼をかちえていった、深い経緯があるのです。

宗教界とのつながり

昭和四〇年代や五〇年代というと、ハイカルチャーへの憧れが強かった時代で、宗教団体は何かというと、西洋クラシック的な、オーケストラや合唱を用いる、カンタータとかオラトリオのような曲を有名な作曲家に委嘱していました。そうした機会が今日よりもずっと多くありました。高度経済成長期には、特に中産階級ですけれども、西洋クラシック音楽に近付くことがステータス・シンボルというか上昇の記号になるということで、子供にピアノやヴァイオリンを習わせるとか、名曲全集のLPレコードを家庭に並べるとかが極めて一般的でした。仏教系や神道系の宗教団体もそのノリであったと言えば分かりやすいかもしれません。そのとき新作を頼まれがちな作曲家の代表が、黛敏郎だったのです。大きな作品ばかりでなく団体歌のようなものにも、黛の作った曲が幾つもあります。なぜ、他の作曲家よりも黛だったのか。大きな決定的な理由があるのですが、先に黛のその種の曲を振り返ってみましょう。

たとえば、一九七五（昭和五〇）年には、奈良薬師寺の別院として茨城県潮来市に新たに建立された慈母観音水雲山潮音寺の落慶大法要のためのカンタータ《慈母観音讃歌》が書かれています。合唱とオーケストラのための作品で、作詞は橋本登美三郎です。自民党の大物政治家ですね。佐藤栄作内閣の官房長官や運輸大臣や建設大臣、田中角栄内閣時の自民党幹事長など、要職を歴任し、ロッキード事件に連座して政治生命を終えました。彼が私費を投じて建てたとされるのが潮音寺なのです。そのお寺が奈良の法相宗の薬師寺別院として建ったことにも含蓄がありますが、それはともかく、自民党の政治家と仏教界の交点に黛敏郎が現れているのです。

一九八〇（昭和五五）年には、全国曹洞宗青年会の委嘱でカンタータ《只管打坐》を永平寺のお膝元の福井で初演しています。道元を称える音楽とも呼べるでしょうが、これはオーケストラと合唱と語り手のための作品で、初演の際に語りを務めたのは名優、芦田伸介でした。翌一九八一(昭和五六)年には日蓮宗門下連合会からの委嘱でオラトリオ《日蓮聖人》を作曲。新宿文化センターで初演されたと記憶しています。これは一時間半の大作ですね。日蓮の一代記がオーケストラと合唱、法華の太鼓、独唱と語りによって綴られます。さらに阿含宗や霊友会のためにも大きな作品があります。

規模の小さな合唱曲、あるいは団体歌的なものとしては、一九六五(昭和四〇)年には、ハワイにおける浄土真宗の布教のための英語の仏教聖歌を作曲し、一九六七(昭和四二)年には奈良の薬師寺を称える《薬師寺・仏足石歌》を、翌年には《臨済宗南禅寺宗歌》を作り、一九七三(昭和四八)年には生長の家政治連合讃歌《護国の神剣》を、翌年には神道青年協議会の委嘱で《神道青年》を発表しています。

生長の家政治連合は、一九六四(昭和三九)年に誕生しました。生長の家の推薦する政治家を自民党の国会議員として国政に送り込もうというもので、一九六五年には玉置和郎、一九八〇(昭和五五)年には村上正邦が共に参議院で初当選しています。生長の家政治連合は元号法制化を自民党に促す圧力団体として機能したと考えられますが、それと重なる活動をしていたのが元号法制化実現国民会議であり、その後身が「日本を守る国民会議」で、生長の家は「日本を守る会」のほうでは主体的役割を担っていました。黛敏郎が音楽家として、片方では多くの学者・文化人の憧れの対象であり、もう片方では宗教界と長く密接であった様子が、これで少し見えてきたのではないでしょうか。

《涅槃交響曲》の誕生

ところで黛敏郎は、作曲家としてデビューした敗戦直後には決して日本的価値を標榜する作曲家ではありませんでした。それどころか彼は無国籍性や異国情緒を売り物にしていました。戦中からレコードなどを通じて知っていた東南アジアの民族音楽や、戦争中からの師匠の橋本國彦のモダニスティックなスタイル、さらに戦後すぐの一九四六（昭和二一）年から教えを受けるようになった伊福部昭（いふくべあきら）の原始主義、そしてラヴェルやストラヴィンスキーの影響を受けます。

また敗戦直後には、日米戦争下でしばし禁止されていたジャズが蘇り、被占領時代の日本文化を彩ります。進駐軍のキャンプ等での仕事のため、日本人ジャズ演奏者の需要も高まりました。黛も音楽学校で学ぶかたわら、ジャズ・バンドでピアノを弾いて稼ぎ、ジャズに傾倒してゆきました。若き黛の名を高らしめた初期作品の《10楽器のためのディヴェルティメント》はミヨーやプーランクやイベールやジャズを取り合わせた戦間期パリ風の音楽であり、同じく《シンフォニック・ムード》はインドネシアのガムランやラテン音楽のリズムと色彩に満ちた、題名通りの交響的なムード音楽なのでした。

音楽学校在学中に日本で最も注目すべき青年作曲家となった黛は、一九五一（昭和二六）年にパリへ留学。その街で朝日新聞の特別通信員として世界旅行中の青年作家、三島由紀夫とも初対面して意気投合し、留学は一年で切り上げて、帰国後は、パリで知ることになったヴァレーズとメシアンという二人の作曲家の陶酔的で熱烈な力強い音楽、あるいは磁気録音テープの出現に伴って誕生したばかりのミュジック・コンクレートや電子音楽へ関心を深め、作風を大胆に飛躍させてゆきました。

その頃の黛の作曲上の問題意識は、同時代の岡本太郎と似ていたかもしれません。現代の抽象的な芸術をふまえながら、抽象の中に、あくまでも人間の原初的で根源的で強烈で暴力的とも言えるエネルギーを探求すること。黛の興味の方向はそこに尽きてくるものでした。電子音楽で電気的なピーポーいうような音を使ったのも、ミュジック・コンクレートでアシカの鳴き声や工場の騒音や戦場の爆音を録音加工して音楽に利用したのも、そういう音に何らかの生命力や神秘力を感じていたからに他なりません。戦後初期からのアジアの民族音楽やジャズへの耽溺（たんでき）も根は同じです。黛は漲（みなぎ）る力をいつも感じていたい人なのです。見てくれはどう変わってもそこは一貫しています。いつも怒張するものを求めるところは、黛と戦争や軍隊や何か暴力的なものの相性を極めてよくしてしまう、ひとつの理由でもあるのですが。

その黛が京都で目先を変えるのです。黛はよく京都に出向いていました。昭和二〇年代から三〇年代にかけて、日本のクラシック音楽畑の多くの作曲家が映画音楽で生活の糧を得ていました。黛の先生である伊福部昭、黛の親しい仲間だった團伊玖磨と芥川也寸志、あるいは早坂文雄や深井史郎。みんなそうでした。黛も精力的に映画の仕事をこなしていました。映画の撮影所というと東京か京都。京都には松竹と大映と東映という三つの大きな映画会社の撮影所があり、フル稼働で、主に時代劇をつくっていました。黛もそういう仕事のためにしょっちゅう京都に滞在していたのです。そこで決定的な出会いがありました。梵鐘の音です。京都ですから町中にお寺がある。あちこちで鐘が鳴ります。黛の日本回帰はそこに始まるのです。

仏教はインドで誕生したけれど、その寺院の野外に銅と錫でできた大鐘を吊して鳴らす習慣は中国で生まれ、朝鮮や日本に伝わりました。中でも日本の梵鐘はとびきり巨大化しています。数キロ先まで聞こえ、余韻も長く続く。黛は、彼が追い求めてきた原初的な音響エネルギーの理想型をこの梵鐘に発見したのです。そして梵鐘の音を育み、その響きに忘我の陶酔的境地を味わうか、ないしは深い瞑想へと誘われるかしてきた、日本人の響きに対する根底的美意識に覚醒したわけです。

梵鐘の音色に開眼した黛は、梵鐘をそのままコンサート・ホールに持ってきて鳴らしては作曲家の商売にならないので、鐘に類するものは使わず、オーケストラの管楽器と弦楽器の組み合わせで梵鐘のような音を響かせられないかと探究しました。ＮＨＫの技術スタッフの協力を受け、電子音楽の作曲の際に習い覚えた方法を使って、さまざまな梵鐘の音を録音しては、音響学的な解析をし、オーケストラで梵鐘風の音色を鳴らすスキルを開発しました。さらに、そこに伝統的な仏教 声明（しょうみょう）を模す男声合唱を組み合わせ、ストラヴィンスキー風の原始主義、メシアン風の神秘主義、ウェーベルン風の点描的スタイルを相乗させて、一九五八（昭和三三）年に発表したのが《涅槃（ねはん）交響曲》です。この作品が黛の名声を国内的にも国際的にも不動のものとしました。

黛自身は初演当初、梵鐘の響きをオーケストラで模することによって無常観、虚しさを表現しようとしたと、語りました。でも実際に聴いてみると、彼の中にある原初的な、東洋的なエネルギーが伝わってくるでしょう。どうしてもそう聴こえてしまうでしょう。無常や寂滅（じゃくめつ）よりも歓喜や熱狂の高まりが強く感じられる。本人も次第に、そういう曲だとセルフイメージを変えていったようです。鐘の強烈な響きに溺れる。それは右翼的なマッチョな感性とも共振しているのかもしれません。

この《涅槃交響曲》から、黛の音楽的志向ははっきり変わりました。以後の黛は、日本の伝統の渉猟（しょうりょう）に努めていきました。雅楽、能、狂言、歌舞伎、神道、禅など、ありとあらゆる日本の伝統を吸収し、アジア諸地域の文化も、日本文化の根っこと共通するものとして再評価し、それらの中に始原的な生命力やエネルギーを見いだしていきました。黛敏郎は《涅槃交響曲》を創造し、《涅槃交響曲》はそれ以降の黛敏郎を創造しました。

平安仏教から奈良仏教への遡行

といっても黛は《涅槃交響曲》のあと、日本やアジアの伝統ならなんでもよいと思うようになったのでは決してないのですね。力漲るものに対する黛の信仰が種々の伝統を仕分けし選別するのです。どう選別したか。

《涅槃交響曲》の初演から五年後の一九六三（昭和三八）年九月に、京都現代音楽祭という催しが行われました。黛はこの音楽祭の仕掛人であり、中心人物であったのですけれど、その音楽祭の初日を飾ったのが、黛のカンタータ《悔過（けか）》の世界初演でした。過ちを悔い改め、罪にまみれた自分をまっさらに戻すことを仏教で悔過と言い、そのための儀式が悔過の法要と考えればよいでしょう。荒々しい生命更新、みそぎ、脱皮の儀礼とでも言いますか。黛の《悔過》は、奈良の薬師寺の悔過法要の音楽を、男声合唱と器楽合奏にほぼそのまま忠実に写した作品と言えるでしょう。

悔過の観念は奈良仏教で流行し、仏教美術にも大きな影響を与えます。悔過の儀式は、とても演劇的かつ音楽的なもの、スペクタクルと思っていただいてよいのですが、そういう悔過の儀式として今日も残るのは、東大寺のいわゆるお水取り、修二会と呼ばれる法要と、それから法相宗の薬師寺の花会式と呼ばれる法要です。黛は《涅槃交響曲》のあと、仏教音楽にますますのめり込むのですけれども、そこで発見するのが奈良仏教なのです。《涅槃交響曲》に伝統的な仏教声明の要素が盛り込まれていることはあらためて申すまでもありませんが、そこに引かれるのは禅宗の重んじる「首楞厳神咒」や、比叡山の天台声明の「一心敬礼」でした。つまり平安・鎌倉・室町時代の声明です。ところが平安以降の仏教音楽に、黛は満足しきれなくなってゆくのです。それで奈良の薬師寺の花会式の悔過に辿り着く。

黛敏郎は花会式の悔過法要についてこう記しています。「東大寺の『お水取り』や薬師寺の『花会式』で唱えられる悔過法要は、特に我々の知るいわゆる抹香くさいお経と違って、梵音や錫杖に見られるような幅広いポルタメントと変幻自在なテンポの移り変わり、そして導師や大衆のかけ合いやカノンでたたみかけてゆく、ドラマティックな構成を持つ。それらは他の宗派の声明にくらべて、非常に荒削り、ある場合には殆ど粗野でさえあり、自由豁達、エネルギッシュだ。体系化される以前の、原初的な、生々しい息吹きが感じられ、平安以後、特に鎌倉期に入って輩出した諸派の、いわゆる抹香くさい仏教性とは全く異質な、大陸的というか西域的というか、とにかく大陸渡来の文化がまだ日本化される前の混沌としていた状態、つまり奈良時代そのものが反映されているのだ。こうした奈良声明の魅力に触れた私は、仏教そのものに対する概念すらも、改めずにはいられぬ強い衝撃を受けたのだった」（日本コロムビア発売、岩城宏之指揮・東京都交響楽団による黛敏郎《涅槃交響曲》のCDに付された黛本人の解説文）

黛の志向が那辺にあるかがよく示された名文と思います。黛は日本の伝統というときに、平安時代よりも奈良時代に遡って興味を持っていったのです。《涅槃交響曲》から五年でその域に達した。平安時代に遣唐使をやめて、つまり事実上鎖国していたのが平安の長い時代ですけれども、そこで『源氏物語』とか雅楽とか比叡山の声明とか、今日の日本で古代的で素晴らしいものと考えられるものがかなりできる。でも黛は、その前の、大陸や半島と交流が活発だった時代にいろんな国の文化芸術が生々しく混じり合ってエネルギッシュで荒っぽいことが行われていたはずの時代のほうが、好みだったわけです。ストラヴィンスキーや伊福部昭やジャズに傾倒していた人なので、どうしてもヴァイタリティ溢れるもののほうが好きなのです。

それで奈良仏教の音楽に入ってゆく。薬師寺の悔過の法要に、平安仏教以後の仏教音楽には見当たらない荒々しさ、激しさを発見して、のめり込む。そのパフォーマンスをかなり写して、お坊さんの声を男声合唱に写し、ホラ貝をホルンに写し、いろいろな鳴り物を打楽器やピアノに写して、薬師寺の悔過法会のエッセンスが五線譜が読めれば世界の何処でも、別に薬師寺から出張しなくても、再現可能にしたのが、このカンタータ《悔過》でしょう。

黛は薬師寺の法要を素材として自分の芸術家としてのオリジナリティを発揮しようとしては

いません。黛は薬師寺の声明にまいってしまって、ほぼ模写に徹し、作品に仕立てている。《涅槃交響曲》にはまだ梵鐘や声明を使って自分の作品にしようとする芸術家の自我が強くあるのですが、カンタータ《悔過》になるとなくなってしまう。一九六三（昭和三八）年というと黛敏郎はまだ三四歳にすぎません。その年齢でそこまで悟って伝統に頭を垂れたのか。黛の恐ろしさですね。

伝統復権を願う宗教者たちの灯明

もちろん、この《悔過》を作曲する過程で、黛は薬師寺に何度も出向いて僧侶たちと交流を重ねたと思います。その頃の薬師寺と言いますと、住職や宗派の管長の地位、つまり法相宗のトップの座は、橋本凝胤から高田好胤へと受け継がれてゆく頃でしょう。この人たちは、奈良仏教の担い手であって、奈良仏教の特別さ、京都とは違う魅力を日本の伝統文化の基軸として世間に承認してほしかったのです。そこに黛敏郎という、奈良仏教の音楽こそ日本の仏教音楽の最上のもの、日本人なら西洋音楽と同等以上のものとして、自分たちの音楽であると誇るべきと考える有名作曲家が登場したことは、どれだけ大きな出来事だったでしょうか。

《涅槃交響曲》は戦後一三年、《悔過》は戦後一八年。旧国鉄が「ディスカバー・ジャパン」というコピーで伝統再発見のための国内旅行を勧めるキャンペーンを張ったのはまだまだ先の戦後二五年。奈良仏教の声明どころか、京都の天台声明もお寺の鐘の音も、戦後の激動の中で、どんどん影が薄くなる時代だったのです。歌舞伎も文楽も能も狂言も、もはや日本人にアクチュアリティを与え得ない芸能と目され、生き残れるか危ういと思われていた頃なのです。そこに時代の先端を行く日本文化のシンボルであるはずの黛敏郎が現れ、梵鐘や声明こそ現代に通じるパワーに満ちた音響・音楽であると言い出した。

お膳をひっくり返したぐらいの衝撃ではありませんか。なんだ、自分たちは過去に埋没してしまったのかと思っていたら、実は未来の最先端に位置していたのか。われわれの文化はこれから返り咲くのか。京都の僧侶にも奈良の僧侶にも、黛敏郎は救世主に思われたことでしょう。黛の音楽観は、戦後日本に伝統復権をはかろうとする宗教者たちの運動にとって、大きな灯明になりました。

政治的運動への急転回

しかも、黛の仏教音楽発見の旅が薬師寺にひとつの帰結を見たことには、おそらく強い意味があったのです。薬師寺の指導者、橋本凝胤も高田好胤も、右派宗教界や政界や財界やいろいろな思想団体とつながりの深い僧侶でした。橋本凝胤の綽名と言えば「昭和の怪僧」です。自民党の大物、橋本登美三郎が潮来に建てた寺が、なぜ薬師寺の別院なのか。そういう深く広く実際的なネットワークを橋本凝胤がつくり、高田好胤が継承したのでしょう。《悔過》の頃から黛敏郎の政治的立ち位置は急進化し、三島事件がそれに輪をかけました。

一九七〇（昭和四五）年一一月二五日、三島由紀夫が私兵を率いて陸上自衛隊市ヶ谷駐屯地に乱入し、自衛隊の国軍化、ということは改憲が込みなわけですが、そのためのクーデターを自衛隊員に呼びかけ、同意する者がなき様を見ると、ただちに切腹した。黛はその三島の志を受け継ごうとしたのでしょう。黛は、戦後の日本人が国家への忠誠心や民族としての自尊心を失いつつあることを嘆き、内外の共産主義者が日本の伝統を破壊することを恐れました。同時に彼は、戦後の日本人の伝統軽視の態度にも我慢がならなかった。黛は、天皇を中心にした日本的価値観の復権を唱え続けました。日本を守るためには、自衛隊ではなく軍隊が必要だ。そのために改憲をしなければならない。国家への忠誠心を培うために、教育勅語も復活させるべし。強い、雄々しい日本を取り戻したい。黛が音楽を通じて求め続けた原初的エネルギーへの渇望は、政治の世界に転化してしまった。

黛は、政治と芸術を分離して別の価値で仕切ることができませんでした。そこにはあまりに純な気質ゆえの、子供じみた飛躍が認められるでしょう。力強い音楽は力強い軍隊と一緒にならずとも別によいはずです。ところが黛は、次元を異にする領域にも一貫性を求めました。その根源には梵鐘と声明への底知れぬ感激があり、それらをかたちあらしめる日本の伝統への特別な畏敬があり、そういう伝統を軽んじているとしか思われない戦後日本への怒りがある。声明や梵鐘は断じて守られ、愛されなければならない。そうした価値観を共有できる国民に満たされた日本が、きっと黛にとっての「美しい日本」なのでしょう。

そこまで行かずとも伝統の価値は保障されねばならない。それを挫(くじ)きかねない内憂外患は、力の論理で排除すべきである。そういう力の論理があるのだと憲法等に明文化されることからすべてが始まる。黛の政治運動は、結局、根底では音楽的感動に支えられていたのでしょう。宗教と文化を美の感動で結びつけている。やはり三島と似たところがあります。

ただし、その美をみんなが美と感じるとは限らない。美はいろいろある。美を信じる者が政治家になりきることはできないとは、そういう意味です。繰り返し申せば、そこには飛躍がありますが、その飛躍を飛躍と思わせない、一途な純情さと誠実さが黛にはあったのでしょう。功利的、打算的、相対的、日和見的な政治家の顔がない。藤生記者の『ドキュメント　日本会議』に従えば、黛の人柄、あるいは人格が、「日本を守る会」の代表する宗教と、「日本を守る国民会議」の代表する文化とを結合させて、日本会議を受肉化したことになると思うのですが、その人柄とは純情居士の一語に尽きるでしょう。

かくも美的な見地に立った運動家が魂を入れた日本会議とは、やはり並大抵のものではありますまい。政治団体が政治団体的であるためには妥協を知らねばならないが、一途な美には妥協はない。宗教にも文化にも妥協はない。折衷主義を容認しないならば。その核心の部分において、日本会議は政治的ではなく美的・宗教的であるから、恐ろしいのです。黛敏郎が一九九七（平成九）年に起動した丈夫な装置が二〇年も弛まず作動し続け、内外の諸情勢にも加勢された結果が今日でありましょうか。

恩師・橋本國彦の影

黛が音楽家として恋い焦がれてやまなかった原初的な響きが、日本の伝統的宗教音楽の再発見を促したところまでは、黛の美意識がそういう志向であったということで了解できます。だとしても、それが力強いというだけで軍隊やコワモテの国家像とつながり戦後民主主義を柔弱なものとして否定してゆくということを、飛躍、飛躍と言っていては、やはり話が足りない気がします。そこで黛を語るためのもうひとつのファクトを示しておきましょう。

黛敏郎は一九二九（昭和四）年の生まれです。今上天皇より四つ年長ですね。一九四五（昭和二〇）年には一六歳で、同年齢には少年兵に志願して散華した子供もたくさんいたわけです。黛は銃後の少年で、兵隊に志願するのでなく、敗戦の年の春に、上野の東京音楽学校（現東京藝術大学音楽学部）に入学した。軍国教育を厳しく受ける年代には違いありませんが、敗戦によって精神的に解放され、戦時への反動として軍国主義を憎悪し、死を強いる教育までしておきながら手のひらを返した国家に怒り、民主主義と平和主義を信奉してもおかしくない世代とも言えるでしょう。ところが黛敏郎はどうやらもともとそうではありませんでした。戦時の愛国的感性が、少年の段階で深く身にしみて生涯離れない人でした。

そこには黛の作曲家としてのキャリアが深く関係しています。黛の東京音楽学校での指導教官は、作曲科の主任教授の橋本國彦でした。音楽学校には、事前に誰かから指導を受けていなければ入学はかないません。黛も受験準備のために、中学生のときから橋本の指導を受けていました。そうして無事合格したのですけれど、入学した一九四五年の春と言えば、日本の敗戦は目前。学校のある東京も、黛の自宅のある横浜も空襲が続き、授業が途絶えがちでした。そこで橋本は、黛を鎌倉の自宅に書生として住み込ませました。

橋本國彦と言えば、昭和初期から日本の作曲界を担ったスター中のスターです。ヨーロッパの新しいスタイル、ドビュッシーやラヴェルやシェーンベルクやハーバの流儀をいち早く導入しました。ジャズにも傾倒します。ビクターと契約して、ポピュラー音楽の作曲や編曲も多く手がけました。

しかし他方では、東京音楽学校の看板教員として嘱望される身でもありました。時代の先端をモダンに行くのではなく、アカデミックな書式で、ベートーヴェンやブラームスをふまえたような音楽をつくり、また教えることも求められました。今上天皇ご生誕のおりには、学校の名義で個人名は出さず、カンタータ《皇太子殿下御生誕奉祝歌》を古典的な手法で作曲もしています。在野の反逆児と官学のアカデミストを兼ねていたのが昭和初期の橋本だったのです。

けれど彼は、ヨーロッパへの官費留学を命じられ、ナチス時代のドイツを目の当たりにし、帰国後は東京音楽学校の作曲科の指導的教官として、つまり官を代表する作曲界の顔として「時局的作曲」に邁進していくことになります。南京攻略戦カンタータ《光華門》、皇紀二六〇〇年奉祝のための交響曲第一番、山本五十六元帥追悼カンタータ《英霊讃歌》、《大日本の歌》《大東亜戦争海軍の歌》《学徒進軍歌》《勝ち抜く僕ら少国民》……。黛が住み込んだ当時も、戦意高揚音楽を精力的に作曲・編曲・指揮していました。そして橋本自身も、土壇場まで日本の勝利を真面目に信じようとした愛国者でした。

こうした戦争中の橋本の生き様を、黛敏郎は憧憬の念をもってそばで眺め続けていた。いや、愛国者としての生き様だけでなく、音楽家としての才能、日頃の立ち居振る舞い、ファッション・センスなど、昭和初期からの筋金入りのモダニストで洋行帰りの橋本の生き方そのものが、黛のお手本でした。

一九四五年の夏、日本はアメリカに敗れ、橋本は戦争中の活動の責任を取る格好で、母校から追放の憂き目にあいます。戦後はフリーランスの作曲家として、民主主義啓蒙ソングを作曲したりしますが、急激な価値転換のストレスもあったのでしょう、一九四八（昭和二三）年にガンに倒れ、翌年に逝去してしまいました。その姿を間近で見ていた黛の心中も、穏やかならざるものがあったに違いありません。

黛は橋本の葬式で泣いていたと言います。戦時に国家のために献身した橋本は、戦後に見捨てられ、病んで死に至った。現人神の天皇、黛敏郎の愛国心は、この橋本國彦の悲劇的生涯に強烈な影響を受けているのです。現人神の天皇、必勝不敗の神聖国家日本、天下無敵の皇軍。橋本が懸命に信じようとして裏切られたものを見限るのではなく、再現したい。なぜそう思うのか。恐らく黛の目には、戦後の橋本よりも戦争中の橋本のほうが輝いて見えていたのです。

黛は、橋本が出かけるときにゲートルを巻いている姿が格好よくて忘れられないと、テレビ番組で述べたこともありました。やはりここでも黛を支配しているのは美なのです。格好よさなのです。非常時のダンディズムへの郷愁。緊張に満ちていた戦時日本へのノスタルジー。黛に覆い被さる橋本の記憶が、黛における力強い音楽から力強い国家・政治・軍隊への転轍を、容易ならしめていたのではないでしょうか。

小田村兄弟と尊皇攘夷

日本会議の生みの親というべき黛敏郎にずいぶんとこだわってしまいました。黛が分かれば日本会議の肝の部分が分かるつもりなのですが、むろん、日本会議のエートスの形成を考えるときに、黛ひとりで事足れりということにはなりません。第二、第三のキーパーソンはいるのです。ここでは小田村寅二郎と四郎の兄弟に触れておきましょう。

小田村寅二郎は、戦争中、三井甲之や蓑田胸喜の原理日本社系の右翼学生運動のリーダーでした。その思想は「ありのまま」至上主義と呼べるでしょう。余計な理屈で日本人の自然な精神の発露を歪めるな、ということです。小田村にとっては東条英機内閣の推進した統制経済や国民総動員のための諸策が、まさに余計な理屈でした。計画的に社会を律すればよいという考えは、日本人のやる気と行動力を損ない、結果として戦争経済にとってマイナスであると批判した。統制経済は左翼的でソ連的で反国体的であると強く反対し、検挙までされた、右翼学生運動の猛者です。戦中の右翼が、反共産主義・反社会主義的な観点から東条内閣を攻撃するということが起きていたのです。

戦後も寅二郎は同じ姿勢を一貫します。一九五六（昭和三一）年に国民文化研究会を設立し、右翼学生運動を指導しました。ちなみに小林秀雄の講演録『学生との対話』（新潮社）は、この国民文化研究会に集う学生を前に行われたものです。だから、そこで質疑応答している学生も、小田村に導かれ、特に左翼学生運動と闘おうとする人たちなのです。寅二郎は一九九九（平成一一）年に亡くなりました。

弟の小田村四郎もまた、兄と思想を同じくしながら大蔵官僚を経て、一九九五（平成七）年から二〇〇三（平成一五）年まで拓殖大学の総長、その後は日本会議の副会長を務めていましたが、二〇一七（平成二九）年に亡くなりました。

この兄弟の曽祖父は、幕末長州藩の志士として有名な楫取素彦（かとりもとひこ）です。楫取素彦は吉田松陰と縁深く、最初の妻は松陰の妹の寿子で、寿子の死後には、寿子の妹で久坂玄瑞の妻だった美和子と再婚しています。ですから、小田村兄弟には色濃く尊皇攘夷の観念のみならず遺伝子が刻み込まれております。そして言うまでもないことですが、安倍晋三首相も長州人ですね。

日本会議は、この小田村兄弟を考えることでもかなり展望できると思います。兄の寅二郎は「日本を守る会」と「日本を守る国民会議」の両方に関係が深く、弟の四郎は「日本を守る国民会議」に参加していました。

強引な言い方をすれば、黛敏郎と小田村兄弟の物語で日本会議の思想圏は説明できる。黛敏郎が大東亜戦争敗戦の怨念をどうも継承しているとすれば、小田村兄弟は吉田松陰の尊皇攘夷を引き継いでいる。日本会議は決して烏合の衆ではなく、戦後民主主義に違和感や反発の念を抱いて筋を通してきた人々をキーパーソンとして機能し、政治に対して一定の影響力を示すまでに至りました。ただし冒頭で申し上げたように、日本会議が政権を操っているかというとそうでもないだろうと考えます。安倍政権の論理と、日本会議の論理は必ずしも一致しているわけではないからです。

第六章　終わらない冷戦

——平成ナショナリズムの正体（下）

ナショナリズムと国民国家

ナショナリズムは国民国家と不可分の関係にあります。国民国家は英語だとネーション・ステートですね。国民がネーションで国家がステートです。それでネーションのイズムがナショナリズム。

国家のつくり方はいろいろあるわけで、強権によって力尽くで人民を酷使する奴隷国家みたいなものでも国家ですし、身分で分けて、たとえば士農工商ですね、そういう国でも身分制国家とか等族国家とか呼ばれるれっきとした国家です。しかし、いずれもネーション・ステートとは言えません。ネーションとは、身分制をなくして原理原則としてはみなが対等になった国民のことですよ。奴隷がたくさんいるような国や、士農工商のような身分制度が厳然と存在する国には、まだネーションは育っていないと言える。要するに、身分を超えて同次元に、同じ土俵に人々が乗ると、ネーションができて、彼らが同じステートの構成員になることを納得すれば、ネーション・ステートができあがります。

したがって、ネーションのイズムであるナショナリズムとは、その国の国民であることを積極的に受け入れたい、自分たちの生きる国を素晴らしいと思いたい、それを邪魔するものがあったら退けたい、そうしてその国の国民であることに満足したいという思想的・政治的・社会的運動になります。極端な場合、ネーション＝国民の望み通りに、ステート＝国家が機能していなければ、ナショナリズムが革命を引き起こすこともある。また逆に、ネーションの望みをステートが完璧に実現して綻(ほころ)びを意識することがなくなれば、ネーションは完全に満足しユートピア状態になって、ネーションとステートの切れ目を感じなくなり、一体性の中で充足しますので、そうするとナショナリズムが運動として表に現れることはなくなります。

国民が一体化して同質化して均一化してステートをつくりたいという運動がナショナリズムとすれば、一切の不満も邪魔もネーションが感じなくなると運動は止まります。ナショナリズムの最高形態はネーション・ステートのユートピア的完成であり、その段階ではナショナリズムは運動としては消滅します。至高の形態は消滅なんです。というかステートと同期して何も運動をしなくていい状態ですね。自分の属している国民国家に国民として何の不満もない。そうなると運動する必要はなくなるわけですから。一般論として申せばナショナリズムとはそういうものでしょう。

天皇のもとでの国民統合という仕掛け

さて、そこで平成の日本のナショナリズムなのですが、日本会議が取り戻そうとしている明治のいわば尊皇ナショナリズムというものも、そもそもは日本に国民国家という仕掛けを急ごしらえするためのかなり大胆かつ乱暴な運動でした。

日本にナショナリズムが生まれるきっかけはいろいろあったと思いますが、ひとつは江戸時代の海防論でしょう。一八世紀には日本の北方にロシアの影が目立ち始めます。一九世紀に入ると、ロシアだけでなく、アメリカやイギリスの船が日本近海にたびたび現れるようにもなる。そして一八五三（嘉永六）年についにペリー提督率いるアメリカ艦隊が江戸のそばにいきなり乗り込んできて、ついに開国させてしまう。そうした長い歴史過程に対応すべく憂国の志士たちが海防論を沸騰させてゆく。

しかし、そこでネックになったのは日本が島国で、海岸線がとてつもなく長いということ。島国ゆえに孤立主義を保ちやすかったのが、西洋が航海術を発達させて大船がどこにでもやってこられそうだとなると、島国のメリットはデメリットに転倒します。

江戸時代の武士って当時の全日本人のたかだか数パーセントしかいない。婦女子も入れてですよ。この数パーセントが武力を独占して圧倒的多数の農工商から富を巻き上げて暮らしていたのが天下泰平の江戸時代です。武力を独占といっても戦争はほとんどありませんので、武士はだいたい行政官吏ですね。その階級は数パーセントいれば充分です。自ら生産も商売もしないのがこの階級の原則ですし、もしも何割も武士がいたら経済は成り立ちません。外国からの侵略がなく、国の内側も戦国時代に戻らないなら数パーセントでちょうどよかったのです。

ところが西洋列強の影がちらつき出すともういけません。長い海岸線を守る話になると数パーセントではどうしようもない。武士だけではとうてい人員が足りません。そこで海防論は人民総動員、人民総武装の議論にどうしても発展してしまう。豊臣秀吉の刀狩りとかで農工商、あるいは宗教勢力から武力を奪った状態を貫き通せなくなる。理屈で考えると、武士の世を終わらせ、四民平等にして、国民皆兵を実現することが必要になるという議論に、本心では士農工商を続けたいインテリ侍の考え方も帰結せざるを得なくなる。

さらに、藩単位の縄張り意識だって大いに邪魔ですよ。藩が自分の領地のことだけを考えていては、日本全体を守れない。薩摩や長州のような強藩であれば自らの領地の海岸線だけなら守れるかもしれない。でも弱小の藩の領地の海岸線から上がってこられたらもうおしまいです。幕藩体制では海防はできないのです。海防論を真面目に考えた人は先駆者になる仙台の林子平をはじめとして弾圧されることが多かったわけですが、これは当然です。国防を真面目に追求すると国家体制をいじる話にどうしてもなる。藩の垣根を取っ払い、国家一体とならないと、西洋列強に対して独立を保つことは少なくとも軍事的にはできない。

日本の場合、国民全員が参加して国家をつくる国民国家とは、こうした国防の危機という現実的な要請から待望され、明治維新に結びついたという説明も可能でしょう。高度国防国家には中央集権の国民国家。地方分権と身分制度を組み合わせた幕藩体制の寿命は尽きてしまったわけです。分権と身分ってどちらも分けるという漢字が入ってますでしょう。外敵がいなくて国内を安定的に統治したいときはなるべく分けて割るのがよい。強い力を生まれにくくするのがよいのですから。ところが強い外敵が現れると束ねなくては対抗できなくなる。江戸時代が終わるのはこの理由だけでも筋が通っているのです。

そうした事情は、日本に限らず、どこの国でも大して変わりありません。国民国家は国力を総動員して戦争を行うための仕掛けとしてつくられる。それが常です。国民国家形成の要因です。国民全員が団結して国を守る。国民全員が兵隊となって外国と戦う。そのためには、当たり前のことですが、武士に限らず、みんながいざというときには国家のために戦って命を捧げることができるような「国民」になってもらわねばなりません。

とはいえ、明治になってすぐの時代に、「国民全員が日本を守らねばならない」なんて理屈は、農民をはじめとする一般民衆には通じないでしょう。つい昨日までは、戦争は武士の仕事で、他の階級は無関係だったのですから。

それに日本という国のイメージもわきにくい。地理的・言語的に日本があるのは分かるにしても、その日本に国民みんなが命を捧げなくてはいけないというのは分かりにくい。将軍や殿様ですべてが解決していた何百年がありますから。公地公民制の中央集権国家を目指した古代の一時期以外に、日本人が国家全体の単一性を上位に置いて思考した時代が一体全体あったのでしょうか。明治維新時の日本人にいきなり国家は観念的過ぎる。昨日まで藩単位で、薩摩だ会津だと言って争っていた。武士も殿様のためにという以上の忠義の対象を、極端な尊皇思想に取り憑かれた人以外は持っていない。それなのに短期間で国民国家をこしらえないといけない。さもなければ、西洋列強の植民地や属国にされてしまうかもしれない。

はて、どうすれば、短い時間で国民を束ねることができるだろうか。明治の指導者たちが採用したのが、天皇のもとでの国民統合という仕掛け、つまり王政復古でした。侍の忠義はもちろん武士階級の道徳ですから、武士には分かる。農工商も武士道というものがどういうものかは知っている。そこで武士道の主君に天皇を代入して、四民平等でみんな武士道の要領で天皇に忠誠を尽くすことにすればよい。

王政復古で、元の四民はみんな一律で国民ならぬ臣民になって、国民皆兵にして、臣民は必要とあらば天皇の軍隊の兵となって天皇の国を守らねばならない。国家の自立には軍隊だけでなく、何よりも経済力が必要だから、臣民は天皇を戴く日本のために富国をはからねばならない。軍隊もお金がなければ武器も揃いません。そのためには臣民の教育程度を高めねばならない。義務教育だ。文明国とは教育と経済と軍隊で成り立ちます。教育も経済も軍隊も四民平等だとうまくいく。教育で優秀な人間を選抜してつくり出すには、選抜する母数が多いほうがよいわけでして、経済も、必要なところに必要な労働力を集めるには、農工商と階級に分けて囲い込んでいては流動性が生まれにくいですから、四民平等のほうがよい。

そういう理屈で、日本は国民国家を臣民国家として急造していったのです。抽象的な近代国家の観念を教えるよりも、具体的な生身の存在である天皇を徹底的に立てたほうが、即効性があって分かりやすいと考えられたのです。

そこで日の丸や《君が代》や教育勅語が出てくる。どれも少しでも安く早く国民国家をつくるための仕掛けですよ。明治国家はまだ貧しい。国民からすれば、高い税金を払い、軍隊に取られるのに、分け前はほとんどない。暮らしも大してよくならない。これでは、国を守る気にもなれません。それなのになぜ国を一緒につくらねばいけないのか。命の危険を冒して、兵隊にならなくてはならないのか。それは天皇中心の国柄を守るためだ。天皇のもとに束ねられるのが日本人だ。天皇のもとでの一君万民だ。一君のもとで横並びの臣民が日本の万民でありそれすなわち国民だ。君に対して万民は武士道に示されてきたように忠義を尽くすのだ。武士は士農工商時代に姓を名乗れる階級だったが、四民平等時代には万民が姓を名乗れる。つまり武士並みになる。王政復古のおかげである。姓を名乗れるからにはかつての武士並みのつもりで頑張れ。これが日本の国民の創生ですね。

軍事ナショナリズムと経済ナショナリズムのセット

ただ、そうやって国民に無理な負担をかけているばかりでは国民国家は続きません。苦労した甲斐があったと、どこかで早めに国民を満足させないと、分裂したり、革命が起きたりするものです。つまり国民国家は、国民を動員して、国民が動員された甲斐があったと納得するという循環で成り立つと言ってよい。動員するのが上からのナショナリズムで、「動員される甲斐のある、愛せる国家たれ」と叫ぶのが下からのナショナリズムですよ。

甲斐があったと思うようになるには、国が豊かで強くて戦争になっても負けなくて国民生活もよくなって福祉も充実してゆく、といったあたりが要件になるでしょう。甲斐がないとすれば国民からの要求が強まる。その要求を実現する形で動員しないと国家統合が揺らぎます。下からのナショナリズムが過激で破壊的になるということです。たとえば経済が上り調子で、日本国民だと他国よりも得をするからこの国に生まれてよかったと思えれば、これはナショナリズムが充足に近づいているわけでしょう。無理やり動員しなくてもされなくても、国が広く潤っている状態だと、上からのナショナリズムも下からのナショナリズムも弱まって、イズムで頑張らなくてもネーションがありのままで幸せです、ということになる。

逆にこの国で食えないとなれば国を出て行く場合もあります。日本でも、暮らせない国民が多いときは出稼ぎにとどまらず移民が増える歴史がありました。ハワイや中南米、日本の領土になった台湾と朝鮮、あるいは南樺太、千島列島、そして満州。たくさん行ったでしょう。貧しい日本人が、他に生きようがなくて飲まず食わずで貨物船の船底か何かに荷物同然で積まれて、南米への片道切符となったら、これは辛いですよ。日の丸や《君が代》で鼓舞されても辛いですね。国から捨てられる感じがする。

でも「オレは日本人なんだ、日の丸を背負って行くんだ、南米で成功したら祖国に送金して、あわよくば何十年後に凱旋するんだ」となれば、これは悲愴だけれど、ナショナリズムの一種には違いありません。情念のナショナリズムですね。さらに行く先に日本軍がいて日本人に得なように事業環境が整備されていて法的にも整備されていて、最初から成功間違いなしで行くのだったら、これはもう楽天的ですね。しかし日本軍がいないとうまくいかないのだとすると、軍事ナショナリズムと経済ナショナリズムのセットになっている。大東亜共栄圏に向かって行く時代のひとつのパターンでしょう。

富国強兵とは、このパターンが国のスローガンになったものですね。国民が一生懸命働き、場合によっては海の向こうに出ても働き、戦時には命を賭して戦えば、国も国民もトータルには豊かになってゆく。戦死しても家族や子孫は豊かになるだろう。明治維新以来の日本から一貫していました。そのための日清・日露戦争であり、大東亜共栄圏の建設であったわけです。戦争に勝てば国運が上昇し国全体が豊かになり国民個々にも分け前があると思えてこそ、国民大勢も戦争に同意できるのでしょう。ナショナリズムを国家主義と訳すと上から強制されて教育されて洗脳されて動員されることばかり考えてしまいますが、国民主義と訳すと別のメカニズムも見えてくるわけです。

資本主義の世界的行き詰まり

さて、上からのナショナリズムと下からのナショナリズムを好循環させ、国民全体を豊かにする。国のために無理やりという感じがなくなって日本人が日本の国家の一員であることに心底から満足して、ナショナリズムを声高に唱えずとも、国家も国民も自ずと日本に自信を持っている。こういう状態は、戦後のある時期、一度はおおむね実現したと言ってよいでしょう。

軍事はアメリカに任せ、浮いた分を経済や福祉に割り当てる。明治以来、いくら稼いでも軍事と戦争の負担が身の丈をいつも超えていたのでうまくいかなかったものが、帝国陸海軍という巨大組織がなくなったことで、だいぶん余裕が出た。この体制によって、戦後日本は軍事ナショナリズムなき経済ナショナリズムを純粋に追求することができ、ついにいったんは満足に辿り着いた。日の丸と《君が代》と「天皇陛下万歳！」で無理して頑張らずとも、日本人としてあるがままで、幸せだと思えた。半端な福祉という批判はあったにせよ、年金制度や国民皆保険制度もなかなかよく調（ととの）った。誇張はあるかもしれないけれど、「一億総中流」と言える程度には、国民の大多数が豊かだと思える状況になった。国家と国民が足並み揃え、国民が国家に総出で文句を言いたくなる状況も「六〇年安保」をひとつの潮時として、高度経済成長が軌道に乗る中でなくなってゆきました。国民国家の理想が実現したように思われたのが、近年は「懐かしの昭和」として振り返られることの増えた冷戦時代の後半でしょう。

しかし平成になって、日本の経済ナショナリズムは急速に翳りを見せていきました。その背景にあるいちばん大きなものは、日本に限らぬ資本主義の行き詰まりでしょうね。冷戦期の米ソ対立を、資本主義と社会主義の経済競争、生産力競争と理解すれば、先に社会主義が成長にブレーキがかかって瓦解した。社会主義陣営も国民国家の原理を採用して、資本主義よりも動員を一元化して、つまり企業間競争なんてまだるっこしいことをせず、国家の主たる成長目標分野に計画経済で国民総動員をすれば、資本主義型の国民国家よりも、もっと富国も強兵も達成できると思ったら、競争がないとうまくいかないこともある。資本主義型国民国家のほうが勝利しました。パックス・アメリカーナが究極的に実現する長い時代がやってくる。そんな予感とともにあったのが、平成の初期だったでしょう。政界も財界も「アメリカ発のグローバリゼーションに乗り遅れるな！」と号令をかけた。世界はこのままフラット化する、平らかに成ると思われた。

しかし現実は違いました。社会主義に少し遅れて、資本主義にもブレーキがかかり始めた。それは、バブル崩壊後の日本だけの話ではありませんでした。

アメリカは第一次産業から第二次産業、第二次産業から第三次産業へとシフトしていった挙げ句に、金融資本主義で儲ける国になりました。金融資本主義は資本主義の最終段階だとは大昔から言われてきたことで、二〇世紀前半にもうそうなっているとも当時は言われたものですが、本当の最終段階的な金融資本主義の時代が現出し、そこにＩＴ革命が重なった。ＩＴと金融が結びつくことで金融はいよいよ実物経済から乖離し、仮想空間の数学ゲームのようになっていきました。

ゲームはバブルを引き起こし、二〇〇八（平成二〇）年のリーマン・ショックで弾けました。その後、数字上は、日米共に景気は回復したことになっています。でも、国民広くに景気回復の実感はありません。経済ナショナリズムは、国民の大多数が一生懸命働き、それに見合った豊かさを得てこそのもの。それでこそ国民国家が繁栄していると言えるのに、もう経済のモデルが国民国家に対応しなくなっている。いくら数字上は景気がよくても、国民の暮らしが揃って上向くということが、おそらく高度資本主義国にはもはやなくなってしまったのです。高度資本主義国はどこも、従来の成長モデルを使い尽くしてしまったのです。

乖離する資本主義と民主主義

これまでは、資本主義と、国民国家を効率的に機能させる政治参加の仕掛けとしての民主主義とが、足並みを揃えていました。経済成長のためには、質の高い労働者が大勢必要です。大勢と言っても、言語の問題や統治の手間を考えると、共通言語の確立した一国の国民を標準単位とするのがいい。しかも国民には自分たちが主役だという自負を与え、なるべく自由で勝手なようにさせ、社会に対する責任を持たせるのがいい。つまり民主主義ですね。そのほうがやる気を起こし、よく学び、働き、競う。

自由な個人の構成する国民主権の国家、つまり政治的には民主主義で運営される国家が、資本主義を成長させ、富を増やす。国民には見返りとして福祉が与えられる。資本主義に民主主義の国民国家を抱き合わせるのが、経済を成長させる最適モデルでした。

ところがグローバリゼーションの時代には、この最適モデルだったはずのものはもう最適でなくなってしまった。黴(かび)が生えてしまった。資本主義が成長モデルを失っても資本主義を続けないわけにはゆかない。そこでやるのは人件費の削減ですよ。日本だったら、終身雇用を減らし、給与体系を変え、契約社員やアルバイトを増やして、労働者の所得を下げる方向にすれば、投資のための資本が企業に残せる。そこにさらにグローバリズムが生きてくる。豊かになった自国の給与水準よりも低く働いてくれる、より貧しい他国の労働者を、出稼ぎとしてか移民としてか、受け入れればよい。

だいたい高度資本主義国家においては、人間を育成するのが高くつくのです。日本の義務教育は明治には六年間でした。それが昭和一〇年代に八年間になり、戦後に九年間になった。近年では大学進学率は五割を超えた。人生のかなりを勉強しているのです。社会で有用な人材に育てるためにです。

教育期間は時代が下れば下るほど長くなる傾向にある。文明が発達すると社会が複雑になって学ぶことも増えるからです。そのための投資が公的にも私的にも甚大になる。ご家庭でもお子さんに高い教育を与えようとすればたいへんですよ。幼稚園や小学校の受験から始まって海外留学や大学院となったら、子供が生まれてから三〇年近くお金がかかり続けるということもある。官庁や企業に入ったらそこでも研修でしょう。それだけ費用をかけても公的セクションや企業や家庭が回収できるのかということなのですよ。高度資本主義国は国際的に見て物価も高いのが普通ですから、高コストでしょう。しかも今後、あまり成長しないとすれば、人間の損益分岐が損のほうにだいぶん傾いているでしょう。

要するに、一国内で国民を保育園や初等教育からこつこつとつくって、動員して、盛り上げて、文句を言わせないように、暴れさせないように、福祉や治安に大金をかけて、国民国家を維持しようとしても、国民国家が資本主義のモデルではもはや高成長しないとなったら、続ける意味がないでしょう。資本主義は成長が望めなくなったからといって急に止めたら世界が全壊しますから、ごまかしながらでも延命をはからないといけない。そういう段階に明らかに入ったのが、日本の元号で言うとちょうど平成になる。国民国家という近代の成長モデルがダメになってきた時代なのですよ。国民という単位にメリットがなくなってきた。

そんな状況で資本主義をやり続ける。国民を食わせないと社会秩序が崩れますから食わせなくてはいけないのだけれど、右肩上がりでよりよくより豊かに、というわけにはもういかないので、ごまかしながら、国民の福利厚生の実現という理想からは撤退してゆく。そして世界の賃金格差や所得格差を利用して、グローバルに、国境の壁を下げて、トータルな人件費を調節して資本主義を持続しようとする。たとえば、かつてのソ連の共産主義のスターリン時代は、巨大なソ連の中での地域間格差を利用していました。大都市部・先進地域でうるさいことを言う人間はどんどん粛清して、代わりを地方から都市部に流入してくる食い詰めた農民などに求める。それでソ連は回っていたのです。一九三〇年代あたりの話ですが。

それと同じことを世界規模でやっているのが平成時代の高度資本主義国なのでしょう。EU諸国の移民の受け入れ方を見ればよく分かります。旧来の国民を食い詰めさせてもヒューマニズムの美名のもとに移民を受け入れたがる。その移民を国家内の新たな低所得層にして、言葉は悪いですが、やはりこきつかう。それで人件費を浮かせる。先進諸国の政治家や官僚、大企業経営者などのエリート層は、おおむねこのように考え、国家の壁を低くしてきたのでしょう。その結果、貧富の差は拡大し、中間層は没落し、雇用は移民等に侵蝕される。得をするのはグローバル企業と富裕層と、その要求に寛容になることで権力の維持をはかる政治機構になる。国民の教育に投資して中間層以下の底上げをはかるモデルは時代遅れというわけです。

旧来の国民が反逆して、下からのナショナリズムで上からのナショナリズムならぬグローバリズムに異議を申し立てると、二〇一六（平成二八）年のアメリカ大統領選挙におけるトランプやサンダースの人気になったり、イギリスのＥＵ離脱になったり、フランスやドイツでの右翼政治勢力の発言力増大になったりします。

そしてグローバルな形での資本主義の維持を狙う支配的勢力は、ついにＡＩやロボットにシフトしようとしている。ＡＩやロボットのほうが安上がりなら、福祉どころか、生身の人間は厄介者です。移民だっていらなくなるでしょう。ＡＩになると知的労働もやってくれる。高給取りの生身の経営者・管理職も駆逐されてゆくでしょう。下層労働者だけではない。中層も上層も労働者はいらなくなってゆく。ＡＩやロボットの管理もＡＩやロボットがきっとするでしょう。生身の人間がまるでいらなくなることはないにしても、かなりいらなくなってしまうでしょう。ＡＩやロボットはそれでいい思いをすることはないでしょうし、いい思いをするという観念は生き物のものでしょうから、資本主義が先端科学技術と手を携えて進むと、結局いい思いをするものは誰もいなくなるのでしょうね。これが資本主義の人間疎外の行き着く先で、人間は疎外されるどころか存在としていらなくなるのですね。

いや、これは話が行き過ぎたかもしれません。ともかく、民主主義と国民国家に抱き合わせられる資本主義は行き詰まり、それでも持続の道を模索するとすれば、民主主義や国民国家は邪魔者になってしまう。もはや経済ナショナリズムで国民が満足してユートピア状態に至るなんて夢のまた夢の時代になったのです。

同床異夢のナショナリズム

国家や資本主義にとって国民が足手まといになる。そんな時代が世界的に急激に進んだのが、日本の元号では平成に相当する時代でしょう。次の元号のうちにはそのことがいよいよ露わになるのではないかと予想します。けれど、政治家がそんなことを赤裸々に言い出したらおしまいです。なぜなら民主主義ですから。国民は中長期的には見捨てられるなんて〝真実〟を語ってしまったら、国民によい思いをさせることが建前の民主主義の制度のもとで、政治家は誰も当選できません。

国民に夢を与えないと当選できないのが民主主義体制における議会政治家の宿命です。だから景気はまたよくなると言う。右肩上がりの活力ある社会は取り戻せると言う。格差が開き過ぎてきたように見えても、まだまだ修正できると言う。そうでなければ国民は生きる希望をなくす。人生にも政治にも社会にも経済にも絶望する。無法化が進行し、治安も悪化するでしょう。暴動が日常化するような時代だってありうる。そうならないように弥縫策で頭をいっぱいにする。それが今の日本の政治でしょう。トリクルダウンとかいって騙すのです。経営者も目先の数字合わせをして、うまくいっているように見せかける。とりあえず今のところは、という留保付きですが。

が、いくら実際的にじきに数字がよくなるのだと騙しても、あとでばれてしまうでしょう。賃金が上がらず、低賃金の非正規社員も増加し、福祉もだんだん手薄になっていく。これはもうごまかしようがない。かくして、別の仕掛けが必要になります。そこで尊皇思想、国体論が蘇ってくるのです。

平成になって、日の丸や《君が代》が法制化されたり、教育基本法が改正されたりしたのは、日本会議に収斂し統合されていった右派諸勢力の長年の政治運動の成果でもあるでしょう。でも、資本主義が翳ってきた時代ならではの、ナショナリズムを利用した国民の連帯の仕掛け、言葉悪く言い直せば、見せかけの連帯の仕掛けの構築ということとも関係があるでしょう。安倍晋三首相が「美しい国」だとか「瑞穂の国の資本主義」とか言うのも、同じ理屈だと思います。国民統合が経済的に危機に瀕してくるとき、つまり国家の吹く笛に乗せられて踊ってみても国民に見返りがなく、成長の実感がなく、分け前も来ず、福祉に回すお金も減るので、実のあるセーフティ・ネットも余裕を持って張れなくなって、貧富の差が顕在化する一方になるとき、とりあえずどうするかという話です。そういうときには実のないセーフティ・ネットを張るしかない。この国は素晴らしい歴史と伝統がある、日本人には底力がある、神のご加護がある、神国だ、万世一系の天皇がおられるのだ、美しい国だ、豊葦原瑞穂国(とよあしはらみずほのくに)だ、まだまだがんばれる、自力でがんばれる、これからよくなる……。そんな話をする。こういう話は安上がりですよ。大した予算はかかりません。これぞ実のない、けれどかなりの人が少しはごまかされてしまう幻のセーフティ・ネットですね。

それでも国民の不満分子の何割かの怒りや不安は緩和されるでしょう。国全体として見たときの安定度はかりそめにせよ高まる。しょせんはその場しのぎですけれど、その場しのぎ以上のことを考えても仕方ない。目先の選挙に勝つ程度ぐらいまで効けばいい。何年かはごまかせます。やっぱり、おかしいかなと思っているうちに、人生の盛りは過ぎて、怒りを行動に結びつける気力もなくなっていくでしょう。

いわゆる新自由主義とナショナリズムが結びつくのは、こういうメカニズムによると思うのです。自助、自立、自由、自己責任で、国家や自治体は面倒を見ない。それでテロや暴動でも起こされては困るから、安上がりのナショナリズムで連帯を演出する。なんともひどい話ですが、これが政権与党のナショナリズムの論理であり、資本主義右肩下がり時代における国民国家の延命術なのです。

安上がりに使えるナショナリズムは何でも使えばいいという話です。そこで政権与党や国際資本から有望視されたのが、日本会議だったのでしょう。彼らは本気で戦後民主主義を否定し、尊皇攘夷の精神や明治憲法を取り戻したいと思っています。国体を復活させ、天皇を中心とした悠久の国日本を蘇らせたい。そのために、天皇崇敬の国民倫理を培養しなければならないのだ、と。逆に言えば、日本会議の中には、安上がりな連帯の仕掛けのためのナショナリズムという発想はつゆほどもない。インチキだとは思っていない。徹底的に本気なのです。

だから、与党政権の理屈とはまったく違う。それでも与党から頼りにされれば、望外の喜びでしょう。なにせ東西イデオロギーが終わった時代になお、反共イデオロギーを唱え続けてきた団体です。活動が報われたという思いを抱くのも当然です。

このように、政権与党的ナショナリズムと日本会議的ナショナリズムは、それぞれまったく違う理屈から成り立っている。だから両者を一体と見るのは間違っているし、日本会議の賞味期限が切れれば、また違った国民国家延命法が試されるでしょう。日本会議は見切りをつけられてしまうでしょう。

今は、たまたま利害が一致しているから手を取り合っている。そういう同床異夢のナショナリズムが、平成ナショナリズムの正体なのです。

水と油の日本会議と創価学会

考えてみれば、自公連立政権だって同床異夢そのものでしょう。

平成日本の政党政治を考えるとき、自民党と公明党が連立政権を組んだ長さというのは極めて重視されるべきだと思います。自公連立のはじめは一九九九（平成一一）年の秋、小渕内閣に公明党が参加したことに始まります。このときは小沢一郎の自由党も連立に加わっていて自自公連立政権と呼ばれたのですが、そこを起点にして、森内閣、小泉内閣、第一次安倍内閣、福田内閣、麻生内閣と、ずっと自公連立は保たれました。二〇〇九（平成二一）年までですよ。足かけ一一年にもなります。このあと、民主党政権の時期を経て、自民党が二〇一二（平成二四）年に第一党に返り咲いて第二次安倍内閣、第三次安倍内閣と続きますが、公明党はここでも連立します。今後どうなるかはともかく、既に二〇一七（平成二九）年で、足かけ六年続いている。先の足かけ一一年と合計しますと足かけ一七年でしょう。平成の半分は自公連立政権の時代と呼べるのです。

平成は冷戦構造崩壊に始まる政界再編期と呼ばれ、日本新党、自由党、民主党、新党さきがけ、日本維新の会、希望の党などなど、次々と新しい政党が登場したのですけれど、自民党と公明党は、共産党と並んで昭和から生き残っている政党ですね。長い政界再編期、二大政党時代への産みの苦しみの時代と言われ続けた平成ですが、実態は半分が自公連立時代ということになると、平成の政治史的位置づけもきっと後世ではすっかり変わるでしょう。

しかもその自民党と公明党は、自民党が特に第二次安倍政権以後は日本会議との関係を抜きに語れないとすると、公明党はもちろん創価学会との関係のもとに存在する政党ですから、日本会議と創価学会を対比させると、これはもう水と油の関係と言わざるを得ません。

どうして水と油なのか。日本会議の源流のひとつには、「生長の家」という神道系の新宗教があります。現在は「生長の家」と日本会議は切れていますが、歴史的には「生長の家」なくして日本会議なしというものですね。その「生長の家」を始めた谷口雅春は、やはり神道系新宗教である大本（おおもと）教に所属していました。

大本教は神道系といっても日本の国体と相容れない神道思想を教義としていたため、戦前、二度にわたって弾圧され、特に一九三五（昭和一〇）年の第二次弾圧は苛烈を極めました。

国体と調和できない神道思想とはどんなものか。大本教が立てた根本的な神はクニトコタチノミコトだったのです。『日本書紀』だといちばん初めに出てくる神ですね。『古事記』だとクニトコタチノミコトに先んじてアメノミナカヌシが出てきますけれども、吉田神道だと両者を同じ神と解釈している。日本神話の根元の神と言える存在ですね。このクニトコタチノミコトから六代下ると男神のイザナギと女神のイザナミが出て、その子のひとりにアマテラスがいて、アマテラスの直系が歴代天皇とされる。これが日本神話の天皇の位置づけ方です。

大本はそのおおもとのクニトコタチノミコトを奉ずるのだから、天皇中心の国体と齟齬がないように思われますが、大本はクニトコタチノミコトが現代に現れて日本の維新が達成されるとした。そのおおもとの神を呼び覚ますのが大本教の出口なおと出口王仁三郎の仕事であると。そうしますと、天皇に先んじる、より古いものを復古させて維新を果たすというのだから、解釈のしようによっては、天皇のおおもとを大本教が独占して天皇家以上の国家支配の正統性を大本教に付与しようとしている教義とも読めなくはない。だから弾圧されたのでしょう。

谷口雅春は、一度目の弾圧ののちに大本教を離れ、同時期にやはり教団を出た浅野和三郎が傾倒していた神智学の影響を受けながら、雑誌「生長の家」の刊行を通じて信者を増やしていきます。その教義は、現代風に言えば自己啓発ですね。自分というものをよく見つめると、生命力がわき上がってくる。谷口の主著であり、「生長の家」の聖典とされている『生命の實相』を読むと、自分の生命のおおもとを見つめると力が呼び覚まされて、病気だって治るんだと。

そして自己啓発のおおもとの生命の根源として「生長の家」が辿り着いたのは天皇なのです。個々人の内なる生命の源として日本人の心に鎮座するのは天皇である。天皇絶対と個人の心の成長をそうやって組み合わせる。谷口の宗教思想は「万教帰一」、すなわちキリスト教の神も仏教の神も究極的には一なる神に帰するというものですけれども、谷口はその「一」をついに日本の天皇にした。そうすると日本人を超えて世界が天皇に帰一することになる。

大本教は世界が政治的にクニトコタチノミコトに帰一するというヴィジョンに到達していたと思いますが、「生長の家」は世界人類の誰しもが自己啓発すると心の内なる天皇に目覚めるという理屈に逢着（ほうちゃく）する構造になっていると思うのですね。究極の一なる神である天皇を灯として、内面を見つめると、精神の次元が上昇するのです。およそこのような理屈で、自己啓発とともに天皇絶対主義を説いていったのです。

そのため、弾圧された大本教とは異なり、「生長の家」は戦前、戦中を乗り切りました。大本教は天皇のそのまた上位を想定したようにも取れる教義によって弾圧された。谷口雅春はその轍を踏まないように、慎重に教義をつくり上げていった。天皇よりも上が決して出てこない構造で「生長の家」の思想をつくった。戦後もその路線を保ちました。反共産主義や明治憲法への復帰を唱えて、「生長の家」は復古的右翼運動の一大拠点になっていきます。日本会議の前身のひとつである「日本を守る会」の結成にも加わったし、「生長の家」の学生組織は、「日本を守る会」の中心人物を数多く輩出しました。

現在の「生長の家」自体は、日本会議に対して批判的ですけれども、日本会議的な理屈を提供する基盤は、明治憲法体制、治安維持法、国体観念との共存をはかった「生長の家」の思想から出ているという言い方はできるでしょう。

するとい、もう一方ですね、公明党の背後にある創価学会はというと、こちらは同じく近代日本の新しい宗教団体といっても「生長の家」のように神道系ではありません。仏教系です。しかも法華経と日蓮の流れです。宗教団体として価値の最上位に置かれたのは妙法蓮華経の教え。そう考えてよいでしょう。天皇よりも上位に法華経がある。天皇が相対化される点では大本教と同じなのです。もちろん、そこから先をごまかそうとすればごまかせたのですが、つまりとりあえず天皇を立てれば済んだのですが、創価学会の前身である「創価教育学会」はそうしなかった。大本教と同様、厳しく弾圧されました。

「創価教育学会」ができたのは一九三〇（昭和五）年です。満州事変の前年になります。時代に不安を感ずる中産階級に対して前向きに生きる価値を創造しようとする学会ということなのですが、法華経と日蓮の教えを最上位に立てるスタンスを守りましたから、天皇を絶対の中心とする日本の国体と衝突しました。

一九四四（昭和一九）年に、初代会長の牧口常三郎は、治安維持法違反の容疑で拘置中に死にます。もうひとりの指導者である戸田城聖も長く拘置されました。裁判で有罪になったわけではないのです。治安維持法というのは、容疑で捕まえて長く拘置して検事が取り調べて転向させるというふうな使われ方をした法律でした。起訴しても国体を変革しようとしていたことを立証するのはけっこう難しい。疑いはかけやすく捕まえることは捕まえるが、有罪にはしにくい法律で、拘置を引き延ばして観念させるところに法律運用の妙がありました。「創価教育学会」はこの手で徹底的にやられたわけです。ですから日本の国体への恨み、軍国主義への恨み、思想弾圧への恨みが創価学会の背骨にはある。戸田城聖は戦争末期の日本の悲惨をバチが当たったと表現したと思います。

「生長の家」も創価学会も、ほぼ同時期に生まれた新宗教ですが、国体というパラダイムに乗ったか乗らなかったかで、官憲から正反対の扱いを受けました。ところが占領期にはこれが逆転する。谷口雅春は公職追放の憂き目にあいますが、創価学会は戦後初期に大躍進を遂げてゆきます。

これほど相性の悪い宗教組織が、与党政権の支持団体として同居している。イデオロギーでは絶対に相容れないはずなのに、政権の枠組みの中に共存している。冷戦構造が崩壊してイデオロギーの時代は終わったから、イデオロギーが水と油ということはかつての米ソのようにもはや共存不能ということにはならない。お互いの言い分が幾分か通れば呉越同舟でも構わない。そういうことでしょうか。政治が諸価値の調整であるとすれば、まことに理に適っている。だが政治が諸価値からの選択であるとすれば政治の曖昧化に貢献している。平成時代には自民党と社会党の連立政権の時代もありましたし、われわれはそういう時代によって価値の混乱に慣らされ過ぎたかもしれません。

しかも、政党の連立をたとえばドイツのように常態とみなさず、あくまで二大政党制確立までの過渡的現象とみなそうというのが、平成のマスコミや政治学者の論調だったのでしょう。こんなに長い過渡期がありますか！　平成はその点ではあまりにデタラメでした。連立こそが当たり前という思想を生まず、ごまかしに終始して、あまりに長い時間を過ごし、ごまかしが政治だと考える政治家までたくさんつくり出しました。何しろ、ここ三〇年近くがずっと過渡期なのですから、平成以降に代議士になった政治家は過渡期しか知らないと言ってよいのです。おかしな話です。

中間団体の解体と刹那主義

それはともかく、与党の集票マシンが日本会議と創価学会という宗教的な性質を色濃く帯びた組織であることは、イデオロギーなき平成という時代の帰結とも言えるでしょう。かつての選挙では、保守であれ革新であれ、支持組織とイデオロギーは密接な関係がありました。その結びつきが、一九九〇年代、つまり平成期に入ると、次々に解体されていった。奇しくも、「連合」（日本労働組合総連合会）が発足したのは一九八九（平成元）年です。戦後日本の左翼的なものを支えた三公社五現業の労働組合などは、自衛隊違憲、日米安保反対など、社会主義的なイデオロギーを旗印に、たびたびストライキを起こすような組織でした。それが中曽根内閣時代に解体され、数多の労働組合は、イデオロギー色の薄い「連合」という形に姿を変えて結集した。平成の時代にふさわしく、労働者の権利はある程度守るけれど、かつての組合のような過激な行動は起こさない。大所帯ですから、良くも悪くも微温的です。求心力は低下の一途を辿ります。労働組合の組織率も右肩下がりで、それと反比例するように浮動票が増えていくわけです。

対して保守の基盤をぶっ壊したのは、小泉政権でしょう。都市に人口が集中する中で、地方の農協や郵便局に利益を誘導してもあまりメリットはない。そもそも自民党的な再分配をする余裕もない。そこで「自民党をぶっ壊す」と叫んで、支持基盤も一緒に解体した。

こういうかたちで、保革どちらも圧力団体や利益団体の存在感は希薄になりました。中間団体の解体は、民主主義の安定性も毀損しました。意見をとりまとめる代表機関がなければ、舌先三寸のワンフレーズ政治で浮動票を獲ったほうが勝つ。けれども先述したように、騙しは長く続かない。

大正時代が思い返されます。普通選挙法が一九二五（大正一四）年に制定され、日本はいったん保守二大政党の時代を迎えて、それがたちまち崩壊しました。世界大恐慌が一九二九（昭和四）年にやってきたのち、二大政党の信用は失墜し、党の指導者は次々と暗殺されていきました。これは一般的には軍国主義とかファシズムと言われているけれど、実際の歴史を見てみれば、世界大恐慌期ですから解決の極めて困難な経済的・社会的な問題が山積しているときに、にもかかわらず、政党は選挙のたびに甘言を弄し、できもしない公約を並べ立てて、他党を下品に攻撃し続けた。その結果が政党政治への不信とオルタナティヴとしての軍部への期待を国民に掻き立てて、血盟団事件や五・一五事件、二・二六事件につながるのです。

この道を繰り返しているのが、世界的困難を背負う平成という時代に、社会の結びつきを壊し、中間団体を解体してきた日本の民主主義政治です。あとに残る票は浮動票なんだけれども、さすがに浮動票ばかりでは不安なので、この時代にあっても最後まで残っている組織票の獲得を目指し、平成に生き残る神道系や仏教系の票をその場しのぎのカンフル剤として与党がかき集めているというのが実態なのでしょう。

本書でたびたび使ってきた「刹那主義」がここにもはっきりと見て取れます。資本主義が行き詰まり、国民国家がもう成り立たない。が、抜本的なヴィジョンなど考えようがない。そこでナショナリズムを活用する。「国難」とか言って浮動票をわっとつかもうとする。それで足りないところに、日本会議の復古主義的ナショナリズムの宗教票と、冷戦構造も崩壊した新しい時代だから多様な意見を与党に加えるのが当たり前ということで戦後民主主義的・生活保守主義的なナショナリズムを象徴する創価学会の宗教票を相乗りさせて、選挙に強い安倍政権ができあがる。平成末期の政治状況です。

最後の砦としての東アジア冷戦構造

そしてここでさらに奇っ怪なことを言いますと、「国難」とか言って浮動票をかき集められるのは、「国難」だからと言って日本会議的価値観がリアリティを持ってくるように見えるのは、これほど同床異夢の党や組織が与党の枠組みで結びついていられるのは、東アジア情勢によるところも大きいと思うのです。その情勢とは端的に言えば冷戦構造なのです。冷戦が終わったから平成特有の政治現象が二大政党化だの小選挙区制だの生じてきたはずなのに、平成のナショナリズムを支えているのは冷戦構造に他ならないのです。

確かに平成になって、世界的には冷戦構造は崩壊しました。ソ連が消滅したのですから。でも、東アジアに限ればどうでしょうか。北朝鮮のミサイルを考えても、中国との領土問題を考えても、東アジアでは冷戦構造はそのまま保存され、ますます強化されているとも考えられるのです。冷戦構造が消えたから新たな国家対立が顕在化したのではなく、冷戦時代の対立の組み合わせがそのまま踏襲され、継続し、エスカレートしているのです。東アジアの冷戦は、ガラパゴス諸島のような独自進化を遂げているのかもしれません。

そこでとりわけ効いているのは、先にも触れた北朝鮮の存在でしょう。北朝鮮のアイデンティティは「反米」です。朝鮮戦争以来、三八度線を挟んで、韓国というアメリカの傀儡国家、そしてその後ろにいるアメリカ帝国主義と対峙することを国家の存立理由として現在に至っています。その意味で、完全に冷戦国家なわけです。

とするなら、北朝鮮にとって最大の脅威は、アメリカがアジアから撤退することでしょう。アメリカがいなければ、北朝鮮には国家存立の理由がなくなってしまう。事実、アメリカはそうなりつつあるわけです。すでにオバマ前大統領は、世界の警察官から降りるという発言をした。トランプ大統領は、ブロック経済を思わせるような政策を打ち出している。アメリカは相変わらずスーパー・パワーには違いありませんが、スーパーの度合いが弱まって世界に君臨できなくなりつつある。東アジアにアメリカがプレゼンスを得ようとしてきたのは、ソ連による世界共産化の脅威に対抗してアメリカを自衛するためであって、日本や韓国を守ってあげたいという善意からではない。ソ連がなくなればアメリカが東アジアで多くを負担し続ける理由は低減するのです。

それこそ北朝鮮にとっての国難でしょう。なんとか現状を打破しないといけない。アメリカが東アジアに興味を示さないのなら、自分たちが仕掛けるしかない。これが大陸間弾道弾（ICBM）の開発です。北朝鮮のミサイルがアメリカに届くようになれば、アメリカも東アジアを忘れられなくなる。とにかくアメリカと張り合う形を保たなくては、軍事国家北朝鮮の存在の正統性が損なわれてしまう。ICBMの開発は、国家存続を賭けたプロジェクトなのです。

こういう形でまず北朝鮮が冷戦構造を維持し続けているように も見える。日米関係が弱体化して日米安保が形骸化すると、日本は自主防衛に舵を切らねばならない。核武装ということも視野に入ってくるでしょう。お金がかかります。経済が右肩下がりというときに国防費の増大は面倒です。それでもなおも安上がりを追求しようとするとアメリカにしがみつき続けるという選択肢が生まれる。北朝鮮の脅威の増大は、その意味に限ると日本にとっての神風なのです。

アメリカは東アジアへの関心を深めざるを得ない。それに加えて、中国も脅威ということになっている。でもアメリカから見れば、尖閣諸島は海底資源の争いにすぎないような話で、死活問題ではありません。ただ、たまたま尖閣諸島はかつての反共のラインと重なっているし、中国は相変わらず共産党の国だから、アメリカにとっても中国は敵国のはずだと、日本の親米保守派は幻想を抱いていますね。中国は共産主義の輸出を今更考えているとは思えないので、アメリカが中国を敵と思わねばならない理由は、冷戦時代に比べると大幅に低減しているような気がしますが、日本の親米保守派はそうは考えていないようです。

ならば、結局、同床異夢で展開されている平成ナショナリズムの最後の砦は、冷戦構造なのでしょう。冷戦構造は持続していて、北朝鮮や中国との緊張があるから、日米同盟強化とそのための改憲が必要だ、という理屈になる。つまり改憲論者の言う現実主義とは、東アジアの冷戦構造のことなのです。この冷戦構造を東アジアで保つことが日米親善の維持につながり、アメリカの実力が低下している分、日本の軍事負担は増えるけれど、それでも日本が自主防衛路線や多国間均衡の安全保障路線に切り替えるよりは、面倒でなく安く済むと考えるのです。

奇妙な話です。平成の時代は、冷戦が終わったという認識から出発しました。その間、鳩山民主党政権では東アジア共同体構想のように、対米従属から離脱するような動きも見られました。ところが平成の終わりになって、振り出しに戻った。冷戦構造の中で、アメリカとの同盟を強化しなければならない。

ここでまた、改憲を絶対の理想とする日本会議と方向性が一致するわけです。もっとも、両者の目指している改憲の理由を問えば、本当は違う。日本会議の宿願は、復古のための改憲でしょう。明治のように、天皇崇敬が国民に行き渡るような憲法にしたい。国体を守る軍隊をつくりたい。あくまでも君臣一体を実現するための改憲です。それに対して自民党は、今述べたように冷戦構造に対応するための改憲です。中国の軍事的拡大路線と北朝鮮のミサイルに日本は脅かされている。これに対応するには、これまで以上に日米の連携を深めなければならない。そのためには自衛隊は専守防衛だけでなく海外でも米軍を助けるべきだろう。こんな思惑から解釈改憲、さらに本当に条文を改める改憲へと進んでいきたいわけです。

これがさらに平成ナショナリズムを複雑怪奇なものとしています。国のウチでは資本主義の行き詰まりがもたらす国民国家崩壊をせき止めるため、国のソトでは東アジアの冷戦構造に対応するために、ナショナリズムが使われている。さらにそこに復古主義的なナショナリズムが野合している。つまり平成のナショナリズムには、ポスト近代、近代、復古がごった煮になっている。

しかも、そのごった煮のナショナリズムが、明治から昭和まで一貫していた経済ナショナリズムを相対化し、あわよくば忘れさせるために機能している。日本人は物質的豊かさよりも精神の豊かさですよというナショナリズム、ミサイルが落ちてくるかもしれない非常時なのですから平時の個々人の要求はいったん忘れて日本人なら団結しましょうというナショナリズムが、教育や福祉を充実させて日本人みんなが豊かに生きて行けるのが当たり前だというナショナリズムをスポイルしている。それが平成末期ではないですか。

末法的であります。

落ち目の資本主義国に残された道

ところが、そこで誤算が生じているようにも見えるのです。北朝鮮は大陸間弾道弾の力で、日本を飛び越えて、米朝会談にこぎつけた。アジアの冷戦構造はついに遅まきながら解消されるのか。しかし、米朝両国がたとえば軍事同盟を結ぶほどの友好国になりうるでしょうか。それは想像しにくいですよ。中国は北朝鮮を米国との緩衝地帯にしておきたいのですから、北朝鮮に米軍が駐留する事態を認めるとは思えない。北朝鮮も米国と対等に向き合う国になりたいのであって、アメリカの属国になりたいのではない。中朝両国とアメリカは、軍事的には冷戦的ポーズをとりながら、経済的に仲良くしてゆくことは考えられる。韓国は、今の調子だと、もしかして中朝寄りになるかもしれません。

そうなると、冷戦のフロントが対馬海峡に下がることも想定されてくるでしょう。日本はアメリカ寄りの国として、中朝とある程度までは仲良くしても、軍事的には距離を置き続ける選択をしようとするでしょう。なぜなら日本は、本章で述べてきた理由によって、国民国家としての体裁を壊さない方便として、東アジア冷戦構造をなおも持続させたがると思われるからです。それを理由に国民を強権的に縛れるようにしておいたほうが、日本の国家にとっては何かと都合が良いからです。

そして、アメリカもその路線を擁護するでしょう。アメリカが日米安保条約を墨守して、本気で日本を中国や北朝鮮、あるいはロシアから守ろうとする気は逓減する一方になるでしょうが、それでも三八度線か対馬海峡に「古き良き冷戦」のフロントが残存し続けてくれれば、少なくとも日本はアメリカから高額な武器を買い続けてくれるでしょうから。

アメリカは、北朝鮮、韓国、中国、日本に対して、適度に緊張を煽りつつ、特に日本の軍事的支出が低い水準にならないように工夫し続けるでしょう。それが世界最大の軍需産業国家のリアリズムです。するとと日本のリアリズムは？　アメリカの手の内は百も承知で、わざとそれに騙され、アメリカと共にあると言い続けながら、東アジアの緊張を絶やさぬようにすることです。落ち目の資本主義国に、他に何ができるというのでしょう。

「欲しがりません、勝つまでは」は対米戦争時の国民的標語でしたが、今だと差し詰め「福祉予算が減っても文句は言えません、東アジア冷戦が終わるまでは」でしょうか。語呂も何もあったものではありませんが、意味内容においてはそういうことです。

第七章

万世一系神話の寿命

――ポスト平成の天皇像

女系天皇論への違和感

二〇一六（平成二八）年八月八日に天皇陛下がビデオを通じて「生前退位」についての「おことば」を発せられたことを契機として、これからの皇位継承のあり方についてもさまざまな議論が提出されるようになりました。

現在の皇位継承順序は、もちろん第一位が皇太子殿下で、以下は秋篠宮殿下、悠仁さまとなっています。第四位は常陸宮正仁親王ですが、この方は一九三五（昭和一〇）年生まれですね。今上天皇の二つ年下の弟宮です。第五位以下は不在です。確かに少ないですね。しかも今後、この四方が男の子の父親となられるかというと、その可能性のある方は限られてくる。あとは大丈夫なのか。皇統を断絶させないための手立てとして、女性天皇や女系天皇の容認、旧宮家の皇籍復帰などを唱える声も目立ってきました。

確かに現実的な対応としては、女性天皇と女系天皇を認めれば、女性天皇の子供も男の子であろうと女の子であろうと天皇になれるということにすれば、皇統の安定性は高まります。皇位継承者がたくさんいることを皇統の安定性が高いと一般に言うわけですが。現在の世論としても、女系天皇容認に表立って反対する人は少ないかもしれません。

しかし、皇位継承者の枠組みを広げることで、本当の意味で皇統は安定するのでしょうか。

私には素直にそうは思えないところがあるのです。ちょっとおかしいのかもしれませんけれど。皇位継承者の資格を広げることが、かえって皇室の存続そのものを脅かすことにつながる。そういう場合がありはしないか。そんな気がしてならないのです。普通はそうは考えないのかもしれませんが。奇妙な心配の仕方なのかもしれませんが。どういうことか。私がそう考えてしまう理由を、明治から平成に至る近代の天皇像をふまえながら、説明してみたく存じます。

一九四七（昭和二二）年に制定された皇室典範の第一条には「皇位は、皇統に属する男系の男子が、これを継承する」とあります。また、明治の旧皇室典範でも、「大日本國皇位は祖宗の皇統にして男系の男子之を継承す」と定められています。

では、明治以前はどうであったか。事実としては、男系の男子天皇が多数を占めていますが、男系の男子が継承することが明文化されていたわけではないでしょう。たとえば、江戸時代の禁中並公家諸法度には、男系の継承は明記されていません。また、明正天皇と後桜町天皇という男系の女性天皇も江戸時代には存在しました。

おそらく、男系で、なるべく長男が継承することを是とする不文律はあったのでしょうが、ルールとして明文化されていない以上、男系の継承が絶対的条件だったとは言いきれないでしょう。したがって、男系の男子が皇位を継承するというルールは、明治の皇室典範で初めて定められたということになるのでしょう。

「男系・男子」が明文化されたのはなぜか？

近代国家の成立要件のひとつは近代的法整備です。欧米列強に伍していく国家を確立するためには、憲法をはじめとする諸法典を整備する必要がありました。皇室典範もその一環として明治憲法と同時に制定されました。

しかしなぜ、男系の男子による皇位継承と定めたのか。

こういうことを考えるときは、その時代の常識を思い起こすのがひとつの手だと思うのです。おそらくは、江戸時代の武士階級で定着していた家父長制度を皇室に転写することが、武士階級出身者の多い明治政府の面々には、いちばんしっくりきたからではないでしょうか。

江戸時代が終わり、身分制度が壊れ、四民平等の明治国家になっても、支配層が持っている血筋のイメージというと、やはり武家の制度でした。

徳川将軍家が典型ですね。将軍は、基本的には男系の男子で継承していく。それに準ずるかたちで、武士階級は男系男子で継承していくのが標準であって、いざというときには養子をとる。その養子にしても、男性の養子にするのですから、体裁としては男系をつないでいく観念であることには変わりません。

農村も基本的には家父長制です。限られた土地の中で、長男が土地を相続する。これもまた戦国時代など、さまざまな混乱を生き抜いてきた日本人に自生的に備わったルール感覚だったのでしょう。

民法の編纂においても、戸籍制度の中に武士的な家制度が取り込まれました。明治から現代に受け継がれる戸籍制度も海外に類例を見ないものです。民のひとりひとりは家族と血筋の中に記録される。親子関係、血筋を追える台帳です。こうした仕組みは、家族や血筋の関係よりも個人のデータだけ把握すればよしと考える近代の多くの諸外国の国民登録制度と明らかに異なります。

さて、明治は王政復古とともに始まりました。江戸時代では、将軍や大名が家制度の頂点に立って、武士が領地をおさめていた。この武士という身分を取っ払ったときに、どのようにして国をまとめあげるのか。

明治維新を牽引した薩長土肥の藩士が突然トップになったのでは、日本人を統合する理屈をつくり出すことはできません。突然、伊藤博文や西郷隆盛が日本の最高指導者になって政治体制をつくっても、当時の日本人の腑に落ちない。そこで王政復古です。将軍や大名を取り払ったあとに、もともと位としては将軍や大名の上にあった天皇を頂点に戴いて、人々にお上の言うことを聞かせる。

すると結局、天皇は将軍や大名に代置されるわけですから、皇室自体も家父長的な家制度を転写したほうが、維新前後の一般的日本人には分かりやすいわけです。

もちろん分かりやすいというだけで、実際はフィクションです。歴史に照らせば、とりわけ古代には女性天皇もけっこういたわけだし、男系の継承がルール化されていたわけではありませんから。江戸時代に女性の天皇はいたけれど、女性の将軍や女性の大名はいないでしょう。やはり戦闘を使命にする武士ですから、男が優先される。

天皇のルールと武家のルールは違ったわけですね。事実、皇室典範を定めるにあたり、女性天皇や女系天皇を認めるべきかどうかという議論もありました。たとえば、宮内省が旧皇室典範の試案としてつくった「第一稿皇室制規」では、「皇位は男系を以て継承するものとす。もし皇族中男系絶ゆるときは皇族中女系を以て継承す」と、女系天皇まで認めていたのです。

しかし、それでは日本人をまとめあげる仕掛けにならない、というのが明治の指導者たちが出した結論だったのでしょう。つまり女性天皇、女系天皇は、明治期段階の日本人の常識から言って受け入れられないと判断したわけです。天皇は、将軍や殿様に代わるものとして、長い武家時代を過ごしてきた日本人にただちに広く受け入れられねばならぬ存在なのですから、受け入れにくい建て付けにしては当然ながら拙い。当時にあって武家の論理が広く根強く受け入れられていて、それでいちばん納得できるならそれがいい。

鎌倉、南北朝、室町、戦国、安土・桃山、江戸時代と続いてきた日本の中で、つねに男性が支配者になって人民に言うことを聞かせてきた歴史があった。その延長線上に明治維新をなしとげたのも主には武士である。公家もいたけれどやはり侍だ。薩長土肥だ。彼らがつくる明治国家の建設にあたっても武家の論理が重視される。当たり前ではないでしょうか。

そういえば、四民平等になっても、武士は「士族」と名乗りました。もはや武士の出だからといって特別な政治的権利は持っていないのに、士族と名乗るのはなぜでしょうか。武士階級が持っていた「格」や家制度的な倫理に対する誇りがあったからでしょう。また、江戸時代、農工商の中には姓を公然と名乗れる武士に憧れていた人間も多かった。だから家族制度も含めた士族的な価値観というものが、明治の世になってもひとつの規範になり得たわけです。

ヨーロッパでブルジョワジーが台頭したとき、彼らは貴族のやり方や趣味を模倣しました。ブルジョワがなぜコンサートやオペラに行くのに憧れたか。ステータス・シンボルになると考えたか。王や貴族や特権階級が好んでいるものだったからですよ。下層が上層を模倣することは近代社会が首尾よく成立するための重要な条件です。西洋の貴族の文化に相当したのは、日本だと武士の文化です。家の継承の仕方まで含めた習慣の体系です。

その下層を束ねる究極の仕掛けとして考案される近代の天皇の制度が、武家と違って女性天皇などと言い出したらどうなりますか。皇室典範に書いてあったら日本の民衆はどう思いますか。二重基準ですね。混乱しますよ。家制度は家父長だと言っているのに、天皇は家母長ということがあるのか。なんだ、それは？　そういうことです。近代の天皇の制度をデザインする以上、いくら古代に女性天皇が存在したからと言って、女系天皇や女性天皇は明治当時の日本人の感覚にはそぐわない。近代国家を急ごしらえするためには、武家をモデルとした天皇とするほうが人々に受け入れられやすいし、まとめあげやすい。男系の男子による皇位継承をルールに定めた理由のひとつとして、こうした武家を範とする家父長的な家制度が影響していたことは間違いないのではありますまいか。

欧米先進諸国の影響

もちろん、それだけで説明できることではないでしょうね。

自由民権運動以来、国会を開設する過程では、当然、欧米の議会政治や選挙制度が参照されました。そして選挙権に関しても、当時のヨーロッパに倣って、一定以上の国税を納める成人男性のみに与えられた。つまり、当時の欧米先進諸国でも、男が政治をすることが常識であり、婦人参政権は認められていなかった。

その政治の頂点に立つ天皇を女性にするわけにはいかない。たとえば井上毅はこのような理屈で、男系の男子による皇位継承を主張しました。

ここには立憲君主制の解釈という問題も関係しています。イギリスでは、君臨はするけれども統治はしない女王は存在する。ならば日本でも、それに倣うという選択もあったし、大隈重信や福澤諭吉は女系天皇を主張しないまでも、イギリス流の立憲君主制を唱えていました。

しかし明治政府としては、そこまで割り切ることはしなかった。王政復古である以上、天皇自らが政治をするという建前は残しておきたい。天皇親政です。近代国家で直接政治をする可能性のある君主が女性でもいいのか。一九世紀の常識に照らせばいいという答えにはなりにくいでしょうね。

明治憲法体制を見れば、日本の天皇は政治主体であるという建前があるとはっきり分かります。そもそも明治憲法自体が、主権者である天皇が定めて、国民に下し与える欽定憲法という体裁をとっている。天皇は国の元首として統治権を総攬（そうらん）し、陸海軍の統帥、官吏の任免、帝国議会の招集や解散などの権限も持っています。

ということは、天皇が実質的には立憲君主のようなふるまい方になることはあるとしても、天皇自身が政治的な主体であるかたちにしたい、というのが明治の元勲たちの意図でしょう。

そう考えたときに、政治をするのは男であって、婦人参政権は認められていないという当時のヨーロッパの常識が、女帝や女系天皇を封じておくという判断と結びついたと言えるでしょう。「文明開化」の観点からしても女性天皇は難しいということです。

神話を覆したときに起こること

ここまで見たように、女性天皇を認めない旧皇室典範は、日本の伝統に則して定められたわけではありません。逆に伝統に従うならば、女性天皇は認められるべきという結論になるに決まっています。

それに逆らって、男系の男子による継承とした背景には、ひとつには当時の日本社会の常識であった家父長的な家観念があり、もうひとつは、当時の文明国の標準に照らして、政治をするのは男という考えがあった。その意味で、近代になってつくり込まれたフィクションであることは確かです。

だからこそ、皇位の安定的な継承を求める議論では、女系天皇を容認する右派系の論者も少なくありません。古代日本では双系を認めていたけれど、たまたま代々の天皇は男系だったという主張もあります。この主張に従えば、皇統は女系を否定していないことになるわけです。他方で男系にこだわる右派論者は、たとえば養子という形をとって、旧宮家を皇籍に復帰させる方途を優先する。

このように右派の中でも、議論は割れています。が、おそらくそのどちらも見過ごしている問題があります。

まずは、女系天皇の問題から考えてみましょう。

先述したように、男系男子による皇位継承は明治一五〇年の間につくられたフィクションです。男系ということに限っても、万世一系神話に基づくフィクションではあるでしょう。ただ、万世一系というフィクションに基づけば、神代から現代に至るまで、それを裏切ることがないかたちで説明はできるし、歴史的に実証できる範囲でも男系が続いている。そういうフィクションを日本人は相続してきた歴史があります。

双系の論理は、古代の文献を見れば、双系を否定していないということにとどまり、現実には女系天皇は登場しなかった。日本人は、女系天皇を一度も経験していないわけです。女性天皇は男の天皇の血を受け継ぐ者であって、その女性天皇が天皇の血を受け継がない男性と結婚して、その息子か娘が天皇になったことは日本の歴史にはないわけです。

こうした歴史的経緯の中で、女系天皇を認め、法制化する議論が現実化したときに何が起こるでしょうか。

女系天皇を認めることは、これまでの神話を覆すことです。神話も長らく相続すれば、一定の説得力を持っています。その神話をわざわざ覆すとなれば、議論はゼロ地点に戻る。天皇には誰がなれるのかという議論がリセットされる。皇位継承の要件が本質的に変わるという言い方をしてもよいかと思います。そうなると、「そこまでして、前提をひっくり返してまで、天皇はい続けなくてはならないのか？」という疑問も出てくるのではないかと、私は思うのです。

存在の正統性とは、それまでの存在形態を踏襲していてこそ、自然と生まれ保たれるものでしょう。皇統の安定性が皇位継承者の人数の問題として不安だからと、皇位継承者の数を増やすために存在形態の性質を変えてしまうと、それで量の問題はクリアできるのですが、質の問題では皇統の安定性がかえって揺らぐのではないか。私はそう思ってしまうわけです。

「数の論理」の危うさ

神話を覆してまで、存在形態の根本に手を触れてまで、天皇制を維持したいかどうか。もちろん現在であれば、ほとんどの国民が天皇制を支持するでしょう。天皇の戦争責任が問われた敗戦直後の時期の世論調査であっても、約九割は天皇制支持だったくらいなのですから。

しかし、その支持が永続するとは限りません。戦後の日本でも日本の共和国化は、左翼革命の可能性とともに、知識人ならよく言及することでした。天皇や皇室が続いてほしいという思いは、時代によって変わる可能性があるのです。少なくとも、そのように想定して考える必要はある。

しかもこれだけインターネットやソーシャルメディアが発達した時代では、評判というものが一瞬のうちに破壊されることだってあります。たとえば、皇室のスキャンダルがひとつあったりするだけで、皇室のイメージが致命的に急転することだって想定できなくはないのです。

むろん、それは神話が続いたとしても起きうることでしょう。ただし少なくとも、女系天皇を認めれば安定的な皇位の継承ができるという議論と、それによって国民の支持が高まるという議論は直結しない。安定といっても、それは皇位継承者の数の話での安定であって、国民の天皇制支持には直結しない。

ましてや戦後民主主義においては、人間天皇と象徴天皇がセットになっています。つまり、国民からの信頼を受けてこその天皇というのが、戦後民主主義的な天皇像の建前です。今上天皇もそうした天皇像を念頭に置いて、被災地を慰問したり、国民のために祈ったりしているから、国民に尊敬されているわけです。

その意味で、現代ほど天皇や皇室の行動が、国民の目にさらされている時代はありません。かつてのように皇族だからといって、周囲が結婚相手に目を光らせるようなことはない。自由恋愛で婚約者を選ぶ。何事もなければいいけれど、何かが起きないとも限らない。むしろ、自由になればなるほど、ゴシップ的な出来事が起きる可能性は高まっていくはずです。

そのうえで女系天皇を認めるならば、それだけ皇位継承者の枠を広げることになる。それは同時に、さまざまなリスクを増やすことにもつながります。

神話を覆すだけでさえ大変なことですが、そこにスキャンダルのリスクが加わるのですから、事の成り行き次第では一気に皇室不要論が叫ばれたっておかしくない。

男系にこだわって旧宮家を皇籍に復帰させる方向も同じリスクを抱えるでしょう。「数がいれば安心だ」という議論は、まさに数だけしか見ていない議論なのです。

確かに皇族の数を増やすというのは、皇位継承者を増やすだけの話ではありません。戦後民主主義社会における皇族の公務というものはやろうと思えば膨大にある。さまざまな式典に誰か宮様が来てくれたらみなが喜ぶという機会はたくさんある。そのためには今の減りゆく皇族の数では如何ともしがたいのだと。だから旧宮家を皇族に戻したらいいのだと。しかし、旧宮家が皇族に戻るという話は伝統の中にはないでしょう。上皇が出家して法皇になり、親王が出家して入道親王になり、彼らが還俗して上皇や親王に戻るというのとはわけが違う。皇族から臣籍降下した源氏や平家が皇族に戻っていいのなら、源頼朝や平清盛が天皇になるのもありになって、これはめちゃくちゃです。数の性急な解決をはかれば、質がアナーキーになるということです。

民主主義的天皇の困難

数とは違う論理で、女性天皇や女系天皇を認める議論もあります。

たとえば自民党の二階俊博幹事長は、ＢＳ朝日の番組で「女性尊重の時代に、天皇陛下だけそうならないというのは時代遅れだ」と発言しました。

また、日本政治思想史の研究者、原武史さんは、日本で女性の政治参加が著しく遅れている理由を、女性天皇や女系天皇を認めない男系イデオロギーに求めています。

確かに、民主主義的な天皇像ということから考えていけば、女性天皇や女系天皇を認めることに違和感はありません。それはその通りなのです。でも、民主主義の論理を徹底させていけば、必ず天皇の存在自体に疑問符がつく。天皇だけは、普通の意味での人権が認められていないからです。

民主主義は、構成員のすべてが対等な政治的権利を持つことを求めます。そこには「神」がいてはいけないし、「神」の片鱗を有する者がいることも許されません。対等な政治的権利を持たない人間が存在することは、民主主義に反するからです。

とすれば、昭和天皇が戦後民主主義の中で人間天皇になった段階で、天皇制の存続は綱渡りのような困難な道になったととらえるべきでしょう。

実際、昭和から平成にかけて、天皇と国民の関係はフラット化の一途を辿っていきました。天皇は神ならざる人として、国民から尊敬され敬愛され信頼される特別な人であると不断に認証され続けなければなりません。

昭和天皇は背広姿で全国を巡幸されました。そして今上天皇になると、被災地の避難所をジャンパー姿で訪れ、膝を折って被災者を慰問された。

現人神だった時代から遠ざかれば遠ざかるほど、人間としての信頼が天皇であることの存在証明になる。しかしフラット化を推し進めていけば、天皇の存立基盤自体もまた危うくなるのも確かです。

戦後の昭和天皇とそれに続く今上天皇は、人格、人柄、言動、日々の立ち居ふるまいといった点で、人として高い存在であられたように思われます。が、今後の天皇が人としてつねに国民の敬愛を勝ち得ることができるかどうかは別問題です。

万が一、尊敬しにくい天皇が現れたとき、日本人が手のひらを返す可能性がないとは言えますまい。

誤解のないように言えば、女系天皇についての研究や議論は、国民にもっと知られていいし、さらに議論を重ねていくこともたいへん重要なことだと思います。

しかしここまで見てきたように、皇位の安定的な継承という「数の論理」から考えても、そして民主的な天皇像という「民主主義の論理」から考えても、皇位継承者の枠を拡大することを早急に法制化するような決断には慎重になるべきでしょう。現在の時代状況を考えると、それはかえって皇統の存続を危うくすることにつながるのではないか。そちらの面もよく考えられねばならない。

それよりも、現在の数少ない皇位継承者を敬愛し、人間天皇にふさわしい天皇になっていただくよう見守っていく。そして今の枠組みの中で皇統が絶えないことを祈る。畏れ多くも生々しい言い方をお許しいただければ、悠仁さまが立派に成人され、妻を迎え、男子の生まれることをひたすら祈る。私の考える理想の右翼ならそうするはずなのですが。ともかく、数の安心を得ようとして質に手をつけるのは、私は尊皇というふうには思わないのですけれど。

天皇の存在意義を問わない「国体ボケ」

では仮に本当に皇統が途絶えてしまったら、あるいは途絶えることが確実視されたら、どうすればいいのか。それはそのときの国民が考えるでしょう。絶対に天皇はいなくては困るのに、このままでは絶対に天皇がいなくなってしまうので、とても困ると、国民の多数が思えば、そのときは女性天皇や女系天皇でも、旧宮家に皇族に戻ってもらって皇位をいきなり継いでもらうでも、どこかから男系天皇血筋を探し出すでも、なんでもいい。どうしても天皇にいてほしいなら、国民的合意のもとに一気に事が進み、新しい天皇のイメージが誕生するでしょう。国民が天皇をなくしそうになって極限的に辛く哀しい経験をすれば、そこから天皇制は不死鳥のようにはばたくでしょう。それはそういう極限のときに任せるより他はない。

楽観的な将来像はなかなか描けません。近代天皇が武士の家制度をモデルとしたように、天皇家の存在形態は、その時代の日本人の常識が多分に反映されています。戦後の天皇家がマイホーム的になったのも、日本の家族の変化に対応したものでしょう。

とはいえ、昭和であれば、マイホームといっても、まだ家には仏壇や位牌があり、墓参りをすることが身体化されていました。

しかしいまや、先祖崇拝の習慣も風前の灯です。先祖崇拝が常識でなくなれば、男系の継承どころか、双系だって万世一系だって大した意義を持たなくなります。

国際結婚、同性愛婚、離婚、独身もなんだってアリという常識をそのまま反映すれば、天皇家が存続する可能性は限りなく低い。

そういった局面になれば、天皇制そのものを必要とするかどうかという議論も当然浮上するでしょう。

もしかすると、将来の国民は、天皇制を不要と判断するかもしれない。もしかしたら、まったく別の観点から天皇制の必要性を痛感して、女系天皇や女性天皇という選択をするかもしれない。皇室の国際結婚を認める主張さえ出てくる可能性も否定できない。シナリオは幾つも考えられます。

ただ、明治からの一五〇年間と比べたときに、天皇の存在意義が決定的に違ってくることだけは間違いありません。

天皇は国民統合の象徴ですが、その前提には、国民を統合して国民国家をつくることが、国も国民も豊かにするという考えがありました。国民は国家のために働いて国家を富ませ、国家は国民が豊かな暮らしができるように教育制度や福祉制度を調える。

この好循環を生み出すためには、国民をよくまとめあげなければならない。維新の志士たちが、そのためのシンボルとして選んだのが天皇です。

しかし、ポスト平成の時代は、国民統合のメリットが失われていく時代です。国家が教育制度を整えても、優秀な人間は海外に流出してしまう。働いて税金を納めても、どんどん医療や福祉が削られていく。高い経済成長が見込めない以上、国家にとっても国民にとっても見返りは減少する一途でしょう。

はたして、そんな時代に天皇の存在意義はどこに求められていくでしょうか。成長が見込める時代では、天皇制は国民統合をするための低コストの仕掛けでした。しかし低コストとはいえ、それなりの血税が注がれています。もしも国民統合のメリットがなければ、それは単なるコストとなってしまうだけです。

日本が今後、どこまで貧しくなるかは分かりません。しかし、コストという観点から天皇制の存続を議論する日が来ないとは限らない。その場合には、万世一系の皇室を観光化することでコストを回収するという選択肢も出てくるかもしれない。国公立大学と同様に、皇室の独立法人化や皇室自己責任論を唱える論者が登場しても不思議ではありません。

ポスト平成の数十年を考えれば、こちらのほうがよっぽど切実な問題です。天皇制を支える経済力が失われたときに、どうするのか。

この問題を一顧だにせず、女系天皇にすれば、あるいは旧宮家を復活させれば、皇位継承は安定し、万古不易の国体が保たれるなどというのは、平和ボケならぬ国体ボケというものではないでしょうか。国体を、天皇の続いてゆくのが当たり前であると国民が信じる国柄、と定義すれば、そのような国体観念は今後、つねに揺らぎうるものでしょう。孫の後ばかりを考えて、子が生きていけるかどうかは考えない。真の天皇主義者であれば、天皇がおられるのが当たり前の日本が近未来においても続きうるのか、まずそこを心配すべきだと思うのです。

第八章 不条理こそリアル

——ホラーとゲームの平成文化

右肩上がりの昭和を象徴した司馬遼太郎ブーム

明治一〇〇年となる一九六八（昭和四三）年は、司馬遼太郎ブームと大きく連動する年でした。

産経新聞では『坂の上の雲』の連載が始まる。その年のＮＨＫの大河ドラマは北大路欣也主演の『竜馬がゆく』。一九六五（昭和四〇）年から翌年にかけては『新選組血風録』が、原作に『燃えよ剣』も一部入れ込むかたちで、ＮＥＴ（日本教育テレビ、現テレビ朝日）系でテレビドラマ化され、新選組ブームを呼び起こしてもいました。そこから『竜馬がゆく』の大河ドラマ化までつながってくるところもあるでしょうが、そもそも『竜馬がゆく』が産経新聞に連載されていたのは一九六二（昭和三七）年から六六（昭和四一）年までです。

これはもうものすごい時期ですね。戦後日本の繁栄が自覚されてくるときですよ。『竜馬がゆく』の連載中に東海道新幹線が通り、首都高速道路が建設され、東京オリンピックが開かれたのです。そのあいだに司馬遼太郎は幕末維新にこだわり、日本の夜明けを描き続けた。坂本龍馬も近藤勇も土方歳三も沖田総司もみんな、今日につながるかたちとしては司馬遼太郎が昭和三〇年代後半に仕込んで、昭和四〇年代前半に国民的に有名にしたと言えると思います。明治一〇〇年はそれらが見事に結節した年でした。

そしてその年に司馬は幕末維新のその先に目を向ける。坂の上の雲を目指す明治の青春が日露戦争の勝利についに帰結して終わる、大河小説を書き始めた。明治が坂を登ってゆく時代であり、昭和の戦後が右肩上がりの時代である。そのイメージが重なるところに、司馬遼太郎が歴史小説家としての圧倒的地位を確立してゆく理由があったのでしょう。一九六八年の二年後には大阪で万国博覧会も開かれます。

『竜馬がゆく』や『坂の上の雲』の前に国民的に読まれた歴史小説はなんであったか。吉川英治を忘れるわけにはゆきませんが、「プレ司馬」ということで考えれば、何と言っても山岡荘八の『徳川家康』でしょう。新聞連載が完結したのは一九六七（昭和四二）年です。足かけ一七年、単行本にして二六巻に及ぶ大長編。昭和三〇年代から四〇年代にかけて、サラリーマンの必読書と呼ばれていたと思います。

徳川家康といったら子供の頃は人質生活ですよ。のちに徳川家となる松平家は戦国の弱者だった。昭和二〇年代の敗戦直後の日本の身の丈とちょうど合わせてイメージしやすいのが、雌伏（しふく）時代の松平家でしょう。そこから登ってゆく。出世魚のように徳川と姓も変わって、織田信長や豊臣秀吉に付き従って忍耐し、最後には征夷大将軍に登り詰めて江戸幕府を開く。家康の物語は、敗戦から高度成長に向かって日本人が我慢強く過ごしていた時期によく合った。忍耐を重ねる会社組織内の生き方の指針にもなった。

ところが、戦後日本がもっと自信をつけて羽目を外して大胆に成り上がってというと、山岡荘八ではもう地味過ぎる。それが司馬シフトの時代です。司馬遼太郎は大胆で劇的で短期的な変化を描くことに常に興味がありました。新選組の歴史も坂本龍馬の歩みもまるで彗星のようでしょう。土佐や武蔵の片田舎の郷士（ごうし）が幕末維新の本舞台に躍り出て太く短く猛烈なことをなして、勝ったり負けたりを繰り返す。敗戦の焼け跡から二〇年前後でオリンピックや新幹線や万博のキラキラした未来が実現するのに対応する歴史小説と言ったら、やはり司馬遼太郎でなければなりません。

「成長」「進歩」を描いたSFと未来学

司馬遼太郎の世界はあくまで歴史文学ですけれども、これとまったく時を重ねて隆盛していったジャンルがＳＦ小説であり、近未来予測の想像力を競う学問としての未来学でした。

ここに『未来の世界』という本があります。明治一〇〇年目前の一九六七年の夏に、小学館の学習科学図鑑シリーズの第一二巻として刊行されました。著者は高木純一と岸田純之助。高木は電気工学者で、早稲田大学の理工学部長も務めた人です。岸田は海軍の技官を経て、当時は朝日新聞の編集委員でした。

私は幼稚園から小学校の初めにかけて、この図鑑を愛読していました。座右の書でしたね。

今となっては荒唐無稽な内容が多いけれど、当時は、いずれここに描かれているような世界がやってくるのだろうと本気で思っていました。

頁をめくると、最初に現れるのは「人工の太陽」です。人類はテクノロジーによって夜を征服し、仕事を終えたあとも、明るい町で自分の時間を楽しめるようになる。そんな技術は「そうふくざつなものではありません」と書き添えられています。私は自分が成人する頃には夜はなくなると思っていました。だって、学習図鑑に堂々と書いてあるのですから。

「人工太陽」の次は、「世界を結ぶ道路網建設」です。世界中に道路が張りめぐらされ、マイカーで世界旅行ができるようになる。その目玉として、ヒマラヤ縦走国際道路というものが紹介されています。ヒマラヤ山脈をものともせず、中国とインドのあいだに最短コースで幹線道路を敷設するのだと。

ヒマラヤ山脈はどうするのか。トンネルも掘るのでしょうが、基本はそうではないのです。ヒマラヤを吹き飛ばして平地に道路をつくる。どうやって吹き飛ばすのか。核爆弾を発破に使うのです。子供向けの科学図鑑ですから、どの頁にも大きなイラストが入っているのですが、当該頁の絵には、何本ものキノコ雲がニョキニョキと上がっています。キノコ雲の手前にはショベルカーやトラックが描かれているけれど、作業員の姿は見当たりません。被爆を怖がっているのか。それとも工事車両が無人化されているのかもしれませんね。説明文で次のように補足もされています。「ヒマラヤは、近くにあまり人が住んでいなかったことも、核爆発による大規模な掘削工事にこうつごうでした。もちろん、放射能の灰が遠くにばらまかれないように注意がはらわれたことは、言うまでもありません」

これが、一九六〇年代の科学が予測した「未来の世界」です。しかもその実現は、一九七〇年から八〇年代とされている。ごく近未来に、人工太陽がつくられ、ヒマラヤ山脈は原水爆で平地になっていると予測されていたのです。

こうした未来観や想像力は、アーサー・C・クラークや小松左京など、当時のSF作家とも地続きのものでした。原水爆を土木工事に使う話は、ソ連がシベリア開発でそれをやるとさかんに宣伝していた時期もあったと記憶しますが。とにかく科学文明礼賛と生産力信仰——。科学はめざましく発展し、生産力は永遠に拡大を続けてゆき、科学と富とが手を携えて、人類の平和、福祉、幸福を実現する。モダニズム的な進歩史観が、SF的なヴィジョンによって象徴されていたわけです。それこそが昭和戦後の夢でした。

たとえば『日本沈没』を書いた小松左京は、カタストロフそのものに関心があったわけではありません。カタストロフに直面したときに、人類の科学や英知はどのように結集されうるか。いわば人類総動員の総力戦体制をSFで実現することこそ、小松文学の核心だったのです。究極の危機に直面すると、人類が知恵を出し尽くして、加速度的に進歩する。それこそが小松の文学の夢です。

とすれば、描く時代こそ異なるけれど、当時の歴史小説とSFは、「成長」や「進歩」を共有している点で連続性があったことになるでしょう。いわば、司馬遼太郎は、ある文明的なヴィジョンを過去から現在へと紡ぎ、小松左京は、現在から未来文明や未来の人類の姿を織り上げたと言ってもいいでしょう。

未来学からホラー・オカルトへ

が、平成の世となると、歴史小説もSFも戦後昭和ほどには存在感を保ち得なくなりました。もちろん今だって、どちらのジャンルでも小説は書かれているし、人気作家もいます。しかし、かつてのように、みんながSFや歴史小説を、この時代を生きる規範をつかむために読む時代ではなくなったでしょう。平成には新しい司馬遼太郎も小松左京もいないのです。その種の文明論的な国民作家はもういない。

では、平成文化を特徴づけるものは何か。いろいろ思いつくけれど、本当に平成らしいものはホラーとゲームではないか。最近、私はそんな気がしてなりません。

もちろん、ホラーは何も平成に突然生まれたジャンルではありませんよね。ただ、ホラーの流行を振り返ってみると、現代につながるホラー文化というのは、右肩上がりの未来への夢が断たれた時期とまずは関係があるように思われるのです。具体的には一九七三年の石油ショックです。昭和で言うと四八年ですけれども。

小松左京が同年の春に出した『日本沈没』が、作者の意図とかけ離れて、カタストロフそのものに関心が集まるかたちで読まれ、ベストセラーになり、映画化されて大ヒットしたのは、同じ年の石油ショックと相乗していった部分が大きいでしょう。未来学が田中角栄の『日本列島改造論』に連動して、さあ、もっと坂のそのまた上を、とみんなが願ったときに、突然、坂道が崩れ、梯子が外されたように感じられたのが、石油ショックでした。にわかに産業文明にはもう未来はありませんと、死刑宣告が出たようなものだったのですから。その衝撃とホラー・ブームは、日本のみならず世界的に連動していたのではないでしょうか。石油ショックは先進資本主義国に等しく襲いかかったカタストロフでしたから。

そんな未来学からホラー・オカルトへの転換を象徴するのは、アメリカ映画の『エクソシスト』の大ヒットだったでしょう。『エクソシスト』が全米で公開されたのは一九七三年の暮れも押し詰まった頃。石油輸出国機構が原油価格をほぼ倍額に引き上げるというとてつもない決定をして世界に宣告したときと、完全にダブりました。映画『日本沈没』も同じ時期の封切りでしたね。『エクソシスト』も『日本沈没』ももちろん石油ショックに合わせてつくっていたのではないのですが、そうなってしまった。歴史の偶然とも言えるし、石油ショックが引き起こされる前から世界に漂い始めていた科学文明への不安感ゆえに出てきた映画だったわけですから、その意味では偶然では済まないところもあります。

『エクソシスト』は日本ではアメリカよりも半年以上遅れて、一九七四（昭和四九）年の夏に公開されました。石油ショックによって文明の未来図が一変したあとに日本に紹介された。バラ色の科学文明の夢はどこかに飛んでしまった。そんなものは砂上の楼閣にすぎなかったのだ。科学主義や合理主義の反対物が渇望されることになり、そこにすかさず対応したのがオカルト映画でした。突然、非合理の極みになった。

それは映画だけではありませんでした。石油ショックの真っ最中の一九七四年三月には、アメリカで話題を呼んでいたイスラエル出身の超能力者、ユリ・ゲラーが来日して、異常なブームを巻き起こしました。念ずると金属が曲がる、スプーンが曲がる、というのです。あと、時計が止まるとか。ユリ・ゲラーの出演するテレビ番組は歴史的高視聴率を記録します。私は小学生でしたが、学校に行くと昼休みの給食のスプーンが全クラス分、ひとりで曲げる級友まで出現しました。バケツ一杯、曲がったスプーンが積み上げられた。日本全国の子供がそうなってしまったのです。集団ヒステリーか集団催眠のようなものだった。国中に超能力者が現れた。石油ショックの起爆力はものすごかった。地軸が反転したようでしたね。しかもユリ・ゲラーはイスラエルのユダヤ人なんですから。

石油ショックは第四次中東戦争によって引き起こされましたが、ユリ・ゲラーは第三次中東戦争で負傷して、それからマジシャンになって、超能力者を自称するようになったと言います。なんだかでき過ぎた話ですね。それから、コックリさんが流行し、心霊写真集がベストセラーになり、テレビのワイドショーでは心霊写真が頻繁に取り上げられるようになりました。ホラー映画も重要な作品が続いていきます。たとえば『オーメン』は一九七六（昭和五一）年です。日本では横溝正史のリヴァイヴァルも起きました。ホラーではなく探偵小説ですけれども、ロジックよりもおどろおどろしさが人気の源でした。

平成のホラー・ブームというのは、この異常なまでに不合理への傾斜が顕在化して社会を覆い尽くした一九七〇年代に幼少年期を過ごし、強烈な時代経験を刷り込まれて共有した世代のネットワークが、ひとつの核になっているのではないかと想像しています。

たとえば鈴木光司の小説『リング』や『らせん』が映画化して大あたりし、その種のジャンルの名監督として名をはせたのは中田秀夫ですね。鈴木光司は一九五七（昭和三二）年生まれで、中田秀夫は一九六一（昭和三六）年生まれ。また、もはや日本を代表する映画監督のひとりと呼ばれるべき黒沢清もホラー映画『回路』で、カンヌ映画祭の国際批評家連盟賞を受賞しましたが、黒沢さんになると一九五五（昭和三〇）年生まれですね。あと、ここで触れておけば、オウム真理教の麻原彰晃こと松本智津夫も一九五五年生まれ。「幸福の科学」の大川隆法さんは一九五六（昭和三一）年生まれですよ。オウム真理教では、麻原の超能力を信じてつき従った主たる幹部たちの生まれは一九六〇年代前半に集中していたと思います。つまり私と同じ世代で、早い話が「ユリ・ゲラー世代」なのです。

平成ホラーにおける「平成的なるもの」

と、世代論で関係づけると、石油ショックが平成ホラーや平成オカルトを生んだということになるのですが、それだけで済む話ではありません。一九七〇年代のオカルトと平成のホラーでは、ちょっと質が違うのではないでしょうか。もちろんSFとも違います。SFは科学という合理的なルールや因果律に支えられているのが建前でしょう。サイエンス・フィクションですから。その理論に日本で最も忠実にふるまおうとしたのは小松左京でした。彼の『日本沈没』も執筆当時最新の地球物理学の理論であるプレート・テクトニクス理論を巧みに応用して、日本列島が短期間で太平洋に沈む合理的根拠をつくり出していました。

それに続くホラーやオカルトも決して滅茶苦茶ということはない。『エクソシスト』も『オーメン』もキリスト教的世界観に基礎づけられている。一見、非合理な物語も、神父や牧師には合理的に解明できるようになっている。中岡俊哉という超常現象研究家が仕掛けたといってもよい心霊写真ブームも、写る心霊には写る理由があって、だからこそ写真の鑑定や分析や解説が成り立つのです。遡れば怪談話と言えば、三遊亭円朝だろうが鶴屋南北だろうが因果応報ですよ。本人の悪事だったり先祖の因縁だったり、原因があるから結果がある。祟りがある。原因があるので解決法も見えてくる。それが怪談というものです。オウム真理教の修行でも、これは平成の話ですけれども、一九七〇年代に精神史的起源があるとすれば、つまりはスポ根物なのですよ。きつい修行に見合った結果が出てくる。因果律は保たれている。努力をすれば報われる。

ところが平成のホラーは、因果応報譚もあるけれど、多くはナンセンスではないですか。偶然が作用しているのが平成的である。ふとした偶然で不条理に巻き込まれる。祟りが襲いかかってきたりする。脈絡が見えなくても、突然ふりかかってきてもうどうしようもない。突如出てくる。そういう物語には、昭和までならリアリティがなかったはずです。因果応報の欠如、論理や物語の崩壊、偶然性の充満。ところがそれがリアルなのです。それが平成ホラーの特徴ではないでしょうか。

もう申すまでもないでしょう。そこに平成性がある。平成的なるものがある。それだからこそ、ホラーが平成という時代の映し鏡になってくる。

たとえばテロ事件。大正や昭和初期であれば、社会に対する不満を抱く人間は、原敬や安田善次郎、団琢磨、井上準之助など権力を持つ特定の誰かを狙いました。そういう政界・財界のトップの人間を殺すことがテロでした。戦後も浅沼稲次郎暗殺などにつながってゆく。

しかし平成の平成らしいテロというものは無差別です。ここではオウム真理教も平成に該当してくると思います。地下鉄サリン事件ですね。たまたまあのとき地下鉄に乗っていた人が大きな被害を受けた。象徴的には政治の中枢である霞が関や永田町を狙ったのでしょうし、実際そのあたりで犯行に及んだとはいえ、国会議事堂や中央省庁のフロアにガスが達したわけではない。

世界に目を向けても、イスラム過激派が各地で起こしているテロは、やはり無差別が基本でしょう。人が大勢いればいい。パリでもロンドンでも、たまたま通りすがりの人間が巻き込まれてしまう。街を歩いていたら、突然、クルマが突っ込んでくる。個々人には狙われる積極的理由はまずない。不条理な因果律なき平成ホラーの感覚と非常によく似ています。

さらに、平成ホラーは映画や小説以上に、ゲームとの親和性が高い。ホラーゲームの『サイレントヒル』が象徴的です。夢半ばの世界で、誰が生きていて死んでいるのかよく分からない。この曖昧な世界観が、ゲームという不確定的な開かれた形式と組み合わされると、平成ホラーらしさが増幅されます。

ゲームには、選択肢が多様にあり、たまたまの選択、あてずっぽうの選択で事が運んでゆきます。偶然性が高いのです。だからゲームですよね。誰がやってもめぐる因果は同じです、ではゲームになりません。何が起きるか分からない。そう感じられて可能性の中で宙吊りにされ、立ちすくむ。あがく。怯む。迷う。惑う。それがゲームの醍醐味でしょう。小説や演劇、映画に対するゲームの優位性はそこにある。自分だけの偶然性や可能性や選択肢がありうると信じられるほど多様な世界ですね。因果も脈絡も欠いた平成ホラーの表現媒体としては、ゲームが他を圧するのです。

そんな感覚が平成の時代感覚と重なってしまう。平成という時代がそうだからホラーがありゲームがある。ということは、私たちはホラーゲームのような世の中を生きているということにもなります。

地震がいつやってくるか分からない。ミサイルがいつ飛んでくるか分からない。テロがいつ起こるか分からない。明日の株価がどうなるか分からない。イメージが被るでしょう。世界がホラーゲームなのです。もっと言うと、現代の高度資本主義国の政治は、このホラーに頼って、市民を刹那的な恐怖にさらし続け、中長期的思考を成り立たせないように誘導することによって、行われているきらいもあります。それは別の話であって別の話ではない。その意味でもホラーの時代ですね。

昭和の異端が平成の正統

　このホラーとゲームという補助線を引くと、他の文化芸術の分野でも平成らしい人物や作品を選び出すことができるかもしれません。それは昭和の歴史小説やSFが体現するものとは対照的です。ヴィジョンはない、大きな物語はない。すべてが相対化される。何も信じられない。主体性も成立しない。偶然に身を任すかのようにふわふわとしている。陳腐な言い方になりますが、一九七〇年代から唱えられたポストモダンが本当にかたちになって当たり前になって実践されてしまう。そういう人物や作品こそが「平成的」なのではないですか。

　文学であれば、私は奥泉光や川上弘美をまずは思い浮かべます。

　奥泉光の小説はポストモダンの典型でしょう。作家としての主体的な表現や世界観をあえて持たず、ヴァーチャルで荒唐無稽な世界をつくって遊ぶさまは、昭和文学なら異端でしたが平成では正統でしょう。真面目に人生観や歴史観を示すような意識などは毛頭ない。

　川上弘美の小説は、内田百閒から影響を受けて、夢うつつの状態を描くところから始まっていたでしょう。真面目なのか、酩酊しているのかよく分からない。どこかに行ってはトリップするような感覚は、モダニズム的な強い主体性とは無縁です。

　川上さんはそこから深まって、私小説の伝統に棹さしながら断片を描き、奥泉さんは全体小説なき後のパズル小説みたいなものを書いている。いずれにせよ大きな確たる世界が消えているところが平成的ですが、川上さんの場合は、奥泉さんのようにパズルに徹するのとは違って、それでもやはり人間は生きているわけだから、生きるリアリティが消えることは生身ある限りないので、そこを東日本大震災の経験を梃(てこ)に大上段に振りかぶらず、主張や「ねばならぬ」に陥らず、生きている実感を描くことに成功している。性差を言うのはなんですが、そこはやはり女性作家の強みという他ありません。

ついでに言えば、平成では筒井康隆が大家(たいか)化したでしょう。かつては小松左京をSFの正統中の正統とすれば、筒井康隆は異端中の異端でした。実は異端のほうが数が多くて、異端が事実上主流化していたのが日本の昭和のSFだと思いますけれど。星新一がSFなわけですから、異端が正統というところがもともとあった。でも平成の文脈は、SFに限らず文学全体で筒井康隆を正統にしてしまう。真面目に読むことからそらそうとする仕掛けをつくり続けることが筒井文学とすれば、それこそが平成の主たる文学なのです。昭和の異端は平成では正統なのです。

あるいは演劇だとどうでしょうか。静岡県舞台芸術センターの芸術総監督を務めている宮城聰という人がいます。彼は、平成の初めの頃から文楽やジャワの人形芝居に影響を受け、台詞と演技を別々の人間に担当させてひとりの登場人物を描くスタイルを探求しました。ひとりの俳優がひとりを演じるのではない。動作する人と話す人を離す。しかもピッタリ合わせない。ちぐはぐさをわざとつくり出す。結果としてひとりにすら焦点が絞れない。

そういうやり方に初めて触れた頃の私は、「これなら文楽を観ればいいじゃないか」と思ったりもしていたのです。しかし、それは違いますね。文楽は、人形に心情移入できるように人形遣いと太夫がいる。そのように発展してきている。もちろんもともとは太夫の語りさえ聞いていればいいので、人形はついでですが。けれどもそれを音楽でなく演劇として鑑賞するとなれば人形に目がゆく。太夫も三味線も人形遣いも人形に相乗してそこに世界の焦点が合うとき、文楽を観た実感が生まれる。けれど、宮城さんの芝居だと、ひとりが複数に拡散する。焦点が合わないことで、観た気になる。これが平成なのです。

同様の世界を感じさせるのが、京都で「地点」という劇団を主宰している三浦基です。彼は、何人もの俳優を舞台に登場させて、太宰治や坂口安吾のテキストなどを多元的、同時多発的に語らせるような演出をする。生身の人間が一生懸命、言葉を発しているのだから、演劇的な能動性や迫力は感じるけれども、ひとりの俳優がはっきりとひとりの人間の役柄を担って演技するということを外してくる。誰が誰の役とか、もうどうでもいい。役柄構造と世界を駆動するエネルギーとが分離している。壊れている。そこから脱力と虚無ではなく、沸騰するように力動する世界が生まれてくる。これはすごいですね。

コラージュと「真似び」の極北『シン・ゴジラ』

そして映画です。やっぱり庵野秀明監督の『シン・ゴジラ』を平成的なるものの極北として挙げたくなりますね。『シン・ゴジラ』はほぼ引用の集積でできあがっている作品でしょう。一九五四（昭和二九）年版の『ゴジラ』、八四（昭和五九）年版の同名の『ゴジラ』、宮崎駿監督の『風の谷のナウシカ』、庵野自身の作品である『新世紀エヴァンゲリオン』、あるいは『宇宙大戦争』や『モスラ』や『ガメラ対バルゴン』や園子温監督の『ラブ&ピース』など、あるいは市川崑監督や岡本喜八監督の演出術など、それから三・一一の現実。挙げていけばキリのない素材群が、物語的アイデアから、ちょっとした絵面にまでちりばめられている。

そういうつくり方としては一貫している『シン・ゴジラ』ですが、内容は前半部と後半部がまったく異なる。非常に対照的につくられている。前半は、三・一一の地震と津波と原発事故を彷彿させるドキュメンタリズムを『ゴジラ』とかけてきます。それが後半はもう夢落ちかという荒唐無稽なつくり方で、「そんな馬鹿な！」という場面が連続するけれど、伊福部昭作曲の『宇宙大戦争』の熱狂的なマーチに助けられながらノリで最後まで押し切ってしまう。しかもその荒唐無稽さは、かなり悪い経過の原発事故を体験して悔恨に沈む日本人のシリアスな願い、こうなっていればよかったという切実な夢と、真摯に切り結んでいるので、バカバカしいのだけれどもバカバカしいと言って切り捨てられないところにうまく実を結んでいる。理想的なゴジラ退治の成功譚を理想的な原発事故の収束譚に重ねているのですから、これはもう本当にうまい。こうなっていればよかったと、私はもう本当、泣けましたね。

ただ、このハッピー・エンドから、大阪万博時代的な科学文明へのあらためての希望を読み込むのはお門違いで、庵野監督が自分の個性的美意識や主体的メッセージ性を映画に込めようとしたら、パッチワークの均衡が破れて世界はご破算になってしまう。そうならないところが絶妙なわけです。ニヒリスティックなコラージュのようでありながら、コラージュの仕方によって泣かせてしまう。醒めた世界に強く揺り動かされる。そういうことがこれほどうまくできる人がいるのは驚きです。日本の伝統芸能の得意技が蘇っているという印象を受けます。

幾つかの世界を重ねて、その世界に思い当たる観客がそれぞれの仕方で喜んだり感動したりするのは、歌舞伎や文楽の常套手段です。『仮名手本忠臣蔵』なら『太平記』の世界と赤穂浪士の世界を、『東海道四谷怪談』なら忠臣蔵の世界に典型的な怪談話を重ねる。そうやって世界の重ね方を楽しむ。分かる観客は勝手に考え面白がる。想念を暴走させ、深読みもする。重ねるために持ってくる世界が深刻だったり痛切だったりすれば、心情移入的なシリアスなつくり方をせずとも、引っ張ってこられた世界への反応として、われわれは笑い、怒り、悲しむのです。

これだけ挙げると、私が「平成的」と呼びたくなる特徴がだいたい伝わったのではないでしょうか。たいした話ではありません。昭和の末期にポストモダンと呼びならわしていたものが本当に当たり前になってかたちになった。それだけのことです。脈絡や主体性がない。組み合わせ方や仕掛け方で世界が生まれて膨らむ。それだけのことです。

そういった特徴はまた、日本の伝統芸能にも通じています。さっき、歌舞伎や文楽の世界の話をしましたが、つまりはオリジナリティや独創の拒否ですね。その意味で平成らしい文化とは日本の伝統への回帰ですよ。日本では「学ぶ」は「真似ぶ」からきているとかよく言うではないですか。人の芸を真似ることが、上手な芸への道。個性をつくるのではなく真似るのが芸道。平成でそれを徹底して実践して目立った伝統芸能の世界の人がいたことを思い出しました。狂言の野村萬斎です。

野村萬斎は、当然ながら子供の頃からいかに人を真似るかということを仕込まれた。狂言に限らず、伝統芸能の世界には「真似ぶ」の体現者がたくさんおられるわけですが、いちばん平成でうまくやれたタレントが野村萬斎なのでしょう。たくさん真似て、たくさん混ぜて、ゴチャゴチャにして、ついには怪しくさえなる。パーツがなんだか分からず、ディテールが解明しきれず、意味不明になればなるほど、怪しい。この怪しさをポピュラリティから乖離せずに表現している最右翼が野村萬斎ですよ。

怪しさまでいくと、脈絡なきホラーとゲームの世界という平成の時代状況にもよくマッチしますね。刹那的に役柄を演じて、ありとあらゆる「真似び」を総動員してゆく。狂言のみならず、シェークスピアも三谷幸喜の芝居も演じて、すべてにおいて「真似び」を発揮し、主体なき破片の集積としての「道化」であることを感じさせます。陰陽師も演じれば、シン・ゴジラでは人ならざるゴジラの動きまでこなす。狂言師の道化じみた動きが虚構としてのゴジラの動きになり、そのゴジラが現実としての原発事故を表現しているのですから、この絡まり具合はおつなんてものじゃないですよ。

平成に生きていてよかったと、いや、よかったというのは平成に生きていればこその特別な文化経験をしているという意味であって、もちろん原発事故はよくないのですが、とにかくわれわれは、野村萬斎のゴジラに即「歩く壊れた原発」を観るわけです。これは平成の文化だけでは完結しない。『仮名手本忠臣蔵』が赤穂事件という現実なくして成立しなかったように、原発事故という現実がなくては『シン・ゴジラ』は成立しない。『シン・ゴジラ』に話が戻ってしまいましたが、私がゴジラ好きだからバイアスがかかって過度にそう思えてしまうせいか、やはり『シン・ゴジラ』には野村萬斎まで込みにしたところの、平成の時代の総体性が反映しているように思います。

村上春樹は平成的か？

本章の最後に、少なからぬ読者の方の頭によぎっているかもしれない村上春樹を取り上げてみましょう。村上春樹は、平成に入ってからも『ねじまき鳥クロニクル』や『海辺のカフカ』『1Q84』『騎士団長殺し』など、大長編小説をコンスタントに発表し、そのたびにメディアも書店もお祭り騒ぎです。そして何よりも世界で読まれている。これほど平成の文化を代表する存在はいないとも言える。はて、村上春樹はどこまで平成的でしょうか。

とりわけ彼の長編作品には、共通したパターンがあると思います。未成熟な男がどこか時空が曖昧なところに放り出され、帰還したところで若干の成長を遂げる——というものです。

つまり主人公の精神的な成長を描いた近代的な教養小説として読めるのです。成長小説とも言える。でも長い物語を通じて、主人公が本当に一九世紀的な教養小説のような成長を遂げているかというと、その成長具合はだいぶん違います。

春樹作品の主人公は、間違っても司馬遼太郎作品のように「坂の上」まで登ろうとはしません。そんなことには最初から関心がない。誇張して言えば、無理やり事件やらトラブルに巻き込まれ、さんざん苦労をさせられた挙げ句、ようやく落ち着きを取り戻しても、ほとんど一歩か半歩前に進んだくらいの成長しかしていない。その小さな一歩のために、ときに上下巻一〇〇〇頁にも及ぶ、虚実ないまぜの仕掛けが張りめぐらされた壮大な物語が仕組まれるわけです。

その物語の仕掛けじたいは、非常に平成的でしょう。この世ならざる世界がよく現出する。人ならざるキャラクターも登場する。時空も混乱する。凄惨なシーンもある。ホラーやゲームのような要素がたっぷりと詰まっています。いろいろな要素がパッチワークされている。

でも、繰り返しになりますが、それが一歩か半歩の成長として回収されて、一応のオチもつく。その点では、やはり一〇〇%平成的とは言えないのではないでしょうか。

村上春樹さんにはちょっと失礼な言い方かもしれず、恐縮なのですが、彼の長編を読んでいると、昔の東映まんがまつりに近いものを感じることがよくあります。子供が二時間か三時間くらい、ファンタジー・アニメやSFアニメや「戦隊もの」や「仮面ライダーもの」を見たあとに、現実に戻って「ちょっと生き方を学んじゃったかな」となんとなく思う。成長度合いとしては小さな一歩だけれど、一歩には違いない。

逆の言い方をすれば、一〇〇〇頁の果てに、何も成長しなければ、純粋に平成的な作品になるかもしれない。でもそんな春樹作品は誰も期待しないでしょう。

村上春樹の小説は、中国や東南アジアの、戦後の日本で言えばどんどん成長している、昭和後期に近い経済的・社会的環境にいる若者たちに親しまれているというではないですか。それなりにだんだん恵まれてきたけれど、もっと満ち足りたいのか、何が幸せなのか、探求心も捨てていない、自分探しをしたい人たち。虚無も感じるけれど希望も感じてやはり自分も成長したいという人たちに、好んで読まれているのではないですか。

とすれば、平成の世にあって、春樹の小説は最後の救いの糧みたいな機能を果たしているのかもしれません。平成的な要素をたっぷりと含み込みながら、かろうじて昭和の高度経済成長期的な希望を抱かせてくれる。昭和にも平成にも対応できるハイブリッドな点に、村上春樹が長らく読まれ続けている理由の一端がある。そんな言い方ができるように思います。

第九章

マルクスを呼び戻せ！

——人間不要のＡＩ資本主義

フランス革命二〇〇年めに起きたフラット化

平成が始まる一九八九年は、ここでまたあらためて申すまでもなく「ベルリンの壁」崩壊の年にもなりました。東西冷戦の終焉による世界のフラット化が始まる。まさに元号の文句通りに平らかに成る過程、その意味で世界の平成化が進んでゆくだろう。そんな楽観的な期待が漲り出す年が平成元年でしょう。

それにくわえて、もうひとつの決定的なフラット化の元年とも言える年でもありました。なんとインターネットの仕組みが誕生した年でもあるのですね。CERN（欧州素粒子物理学研究所）に所属していたイギリスの計算機科学者であるティム・バーナーズ・リーが、「ハイパーテキスト」のシステム、WWW（ワールドワイドウェブ）の原形となる仕組みを考案したのが、ちょうど一九八九年なのです。「スラッシュ・スラッシュ・ダブリュー・ダブリュー・ダブリュー・ドット」と、いつでもどこでもよく言っているあれ。世界中が文字も画像も動画も即時的に共有できる、誰もが回線につなげばいっぺんに見られるあれ。あの原形が一九八九年に誕生した。革命的ですね。

しかも昭和天皇の崩御した一九八九年とはフランス革命が勃発して二〇〇年の年でしょう。フランス革命に匹敵する情報革命が二〇〇周年の年に起動したとも言える。フランス革命は自由・平等・友愛による人類フラット化計画の発動ですから。フラットになりたい。これが近代でしょう。フラットになると言っても貧しく下がりながらフラットになるのではない。フランス革命の思想はイギリス発の産業革命とセットですから。みんなが豊かになりたい革命です。フラットなるべくフラットに豊かになれればそれに越したことはない。階級は邪魔である。それでフランス革命は暴力革命になって階級差をつぶして平準化した。

このあとの歴史は競争のスタートラインをフラットにするか、結果としての富をフラットに分配するかで、資本主義と社会主義の争いになる。「ベルリンの壁」崩壊は、この資本主義と社会主義の勝敗についての最終的審判と思われたのですね。あとから考えれば、それは早計でしたが、そのときはみんなそう思った。もちろん福祉国家というかたちで資本主義国家は社会主義国家の像を取り込んでいたのですが。

そしてWWWも、膨大な情報を世界人類にフラットに供給するためのシステムでしょう。人類の求める豊かさは金銭や物品の豊かさだけではない。知識情報の豊かさもセットですよ。だから新聞雑誌その他の書籍が増殖して、それから学校と放送メディアでしょう。それらの発達史は近代の歴史そのものだし、情報が富を生み、豊かさを生み、ステータスを生むわけでしょう。身分的にはフラットでも、物知りのほうがたくさん稼げたりするわけではないですか。インテリジェンスですね。情報を持っていたり操ったりする人はインテリなんですよ。

そう辿ってみますと、一七八九年から二〇〇年の節目の一九八九年に起きたことは本当に大きい。冷戦終結によるフラット化と、インターネットによるフラット化。そこで日本の元号が平らかに成るときたもんだ。でき過ぎと言っていいほど、世界の動向と平仄が合っていたのが平成という元号の出現だったのですね。

もちろん、WWWは突如として生まれたわけではありません。一九八〇年代を通じて、それを支える技術の発展がありました。その最たるものが、半導体の集積回路でしょう。八〇年代に半導体の集積度が加速度的に高まり、集積回路のサイズがどんどん小さくなっていった。その延長上に、現在のパソコンやタブレット、スマートフォンがあるわけです。

みんな月に住めると思っていたけれど……

それは、一九七〇年代までによくあった未来予測とはかなり違った未来の姿でした。六〇年代、七〇年代に想像されがちだった未来は、人間の物理的な移動距離や移動時間が加速度的に進歩していくイメージのうえによく描かれていたでしょう。日本中がリニア新幹線でつながるとか。田中角栄の『日本列島改造論』は新幹線と高速道路でこの国が埋め尽くされるヴィジョンで国民を魅了したのです。諸外国でも未来図は同様です。世界の国々が高速道路で結ばれる。人工衛星の次には軌道上に巨大な宇宙ステーションが建設され、そこに何百人も何千人もいる。

月面には開拓地ができて、巨大ドームが並んで、何万も何十万も人間が住むようになるというのです。月面基地というか、そこまでいくと月面都市ですね。

アポロ11号が月面に着陸したのは一九六九（昭和四四）年、私は幼稚園児でした。月面着陸は世界同時中継された。テレビでですね。翌年は大阪万博というタイミングです。科学と産業のユートピアの実現が目前に迫っている。それは宇宙時代というかたちで実現される。それをみんな信じていたでしょう。

結局、冷戦時代で、米ソの関心は、核抑止力の完成形態としての、いざというときは地球のどこにでも巨大水爆を打ち込めるミサイル・システムの最終構築にあった。そのためには大陸間弾道弾（ＩＣＢＭ）の技術を確立し命中精度を高めなくてはいけない。その巨大予算が、特に民主主義国家のアメリカでは宇宙開発の費用で計上された。そう解釈できるのではないですか。大気圏外、宇宙空間まで飛ぶロケットは、そのまま宇宙に飛んでゆけば宇宙開発になるし、正確な進入角度で大気圏内に戻ってくれば、ワシントンやモスクワや東京やパリに命中する大陸間弾道弾になる。言うまでもなく技術は同じですから、ミサイル開発の費用は、民需的な宇宙開発ロケットでも軍需的な大陸間弾道弾でも、どっちにでもつくわけでしょう。

ソ連も宇宙開発を前面に立てて、人類の平和と幸福と進歩を目指すのが共産主義だと強く世界にアピールしながら、西側世界をいつでも消滅させられる技術を確立していった。そのときにアメリカもソ連も宇宙は素晴らしい、人類のフロンティアだ、そのために膨大な国家予算を投じてがんばっていますと、猛烈なプロパガンダを張った。

ときは冷戦時代なのです。『宇宙大作戦』や『キャプテンウルトラ』や『ウルトラセブン』。一九六〇年代のテレビドラマには子供向けに限らず突出して宇宙物が多い。子供が宇宙に憧れているから、宇宙でヒーローが活躍するドラマが視聴率を稼げるから、その手のものが増える。それはそうなのですが、子供はいつの時代にも宇宙に憧れるといったものでもないでしょう。

なぜ一九六〇年代の子供が宇宙好きかと言えば、子供の目にするようなあらゆる媒体で近未来は宇宙時代だと幼年期から刷り込まれているからです。大陸間弾道弾が満ち溢れる、第三次世界大戦の準備期としての冷戦のまさに凍り付くような恐怖を、少しでも誤魔化すための、これは米ソ結託した「世界的大陰謀」ですよ。

だって宇宙にわざわざ行って誰が得するのですか。すぐに持って来られる膨大な資源があるわけでなし。月や火星を開拓したところで、ヨーロッパがアフリカやアメリカから天然資源や労働力を最大効率で収奪したような、大航海時代のフロンティアの再現は、宇宙では起きないでしょう。だいたい宇宙には放射線が飛び交っていて、生身の人間がずうっといるにはきつい環境なのですから。

冷静に考えれば誰でも分かる。でも宇宙時代は必ず来ると、大勢が信じていた。信じさせられたにしても、なぜそんなに簡単に大人も信じたのだろう。夢として魅力的だったのでしょうね。

その夢は、繰り返しになりますが、荒唐無稽というわけではなかった。信じたくなる夢に現実的な裏づけがあった。実際、人工衛星もスプートニクもボストークもガガーリンもアポロもアームストロング船長もソ連の犬も、いろんな宇宙船や人間が本当に宇宙に行ってしまっている。日本人なら大阪万博に行くと、アメリカ館には月の石が、ソ連館には本物の宇宙船そのものが展示されていた。それを見るために何時間も並んだ。一九七〇（昭和四五）年の日本人の光景です。

その開発の勢いが今後も持続して加速度的に進展するると予想されるのであれば、大人になる頃は自分も宇宙に行っている。家族で火星に住んでいるかもしれない。土星の輪を見に観光旅行に行っているかもしれない。空想と言うには、やはりリアル過ぎるでしょう。突飛なSF的・超未来的想像力の話ではない。当時としては当たり前も当たり前なのです。

だって、ライト兄弟の飛行が一九〇三（明治三六）年ですよ。一九〇四（明治三七）年から始まる日露戦争には飛行機はまだ間に合っていない。戦闘機も爆撃機も飛んでいない。それが一〇年後の第一次世界大戦では英雄的パイロットが数多く登場する。撃墜王とか。爆撃も始まります。でもまだ低いところを飛んでいるし、スピードも遅いし、飛行機の操縦席は風防ガラスで覆われるところまでいっていない。その必要がない。オープンカーでドライヴしている感覚だ。宮崎駿の好きな世界ですね。科学技術と牧歌的な精神との最後の蜜月時代ですよ。

ところがどうでしょうか。第一次世界大戦が終わって第二次世界大戦が始まるまでは約二〇年ですね。そのあいだに猛烈に飛行機は進歩する。プロペラ機でも翼が二枚から一枚になり、速度は六〇〇キロ、七〇〇キロと上がってゆく。第二次世界大戦末期になるとロケット戦闘機やジェット戦闘機が登場する。ヘリコプターの実現も目前までくる。ドイツはイギリスにミサイルを撃ち込むようにもなる。V2号ですね。そして一九四五（昭和二〇）年には原子爆弾です。

それから四半世紀すると月面着陸になっている。人間が月を歩いているんですよ。飛行機もなかった日露戦争から月ロケットが飛ぶまで七〇年もかかっていない。長生きすればひとりの人生で全部、同時代的に体験できた。日露戦争の始まりを一〇歳の年に迎えた人は、それから六五年生きて、七五歳の年には月に人が行く光景をテレビで見られた。すごいと思いませんか。この頃、SF作家の小松左京は進歩の加速度性ということをいつも論じていましたが、この調子で加速したらその二〇年後、三〇年後に宇宙に人類が大移住していても、当然と思うのには、何の不思議もなかったと思います。

が、現実にはシナリオ通りにはいきませんでした。宇宙開発を表看板にして行われたミサイル技術の開発が、地球滅亡戦争をつつがなく終えるための必要な段階をクリアして一段落すると、宇宙の話はどんどんトーン・ダウンしてゆく。鉄道や旅客機や自動車についても一九八〇年代あたりで頭打ちと言えるのではないですか。新幹線ものぞみ号によって多少速くなった程度で、三〇分や一時間で東京から大阪に行けるようには、二一世紀に入ってずいぶん経っても、なっていない。日本からヨーロッパに行くにせよアメリカに行くにせよ、劇的に移動時間が短縮するような技術革新は起きていません。

宇宙旅行とか、あいかわらずいろいろ言われて旗も振られてはいるものの、一九六九（昭和四四）年の月面歩行以上にインパクトのある出来事はいまだないでしょう。ネクストがないまま、二〇一九（平成三一）年で半世紀ですよ。

IT革命が描いた未来ユートピア

このように、だいたい一九七〇年代のうちに、人間の移動に関わる技術革新は急ブレーキがかかり始めた。とりあえず科学と技術と経済性を均衡させてやれるようなことはやれてしまった。それなので東京駅や羽田空港や成田空港に行っても、その風景はここ数十年、あまり変わっていない。昔はもっともっと変わるとみんなが信じ込まされていたところが実は変わらないできた。その代わり、別のところが予期せぬテンポと次元で変わった。先述した集積回路の微細化と高集積化です。

空間移動の闊達なユートピアとしての未来像がかつてどれだけ力を持ったかということを意気込んでお話ししてしまいましたが、その時代と並行して、というか重なって、コンピュータ社会というものも実現に向かってゆくと、むろん予測されていました。その方向に進んでいた面も大きかったわけです。

ただし、その頃のコンピュータ未来都市とでも言うようなもののイメージは、たとえば東京の中心にとてつもなく巨大なコンピュータ群の並ぶ都庁と国立競技場を合わせたような施設があって、そこに人々が端末を持っていってつなぐといろいろなことができるという、極めて中央集権的というか、中央統制的というか、そのうえコンピュータの容積がとてつもない、怪獣のような規模のものでした。一九六〇年代には、集積回路が今のように劇的に短中期的に小さくなってゆくとは一般には予想されていなかった。

『ウルトラマン』のようなSFでは、中央に司令所や研究所があって、部屋一面にコンピュータ機器がめぐらされ、大きなオーディオテープがぐるぐる回っているような場面がよく登場します。つまり、コンピュータと言えば大製鉄所や大自動車工場のような場所をとるものであり、情報はそういう大きな場所に集中して、端末は一方的にセンターにつながれるものとしてイメージされがちでした。

ところが実際には、まったく逆の展開になっていったわけでしょう。くわしい説明は不要ですね。私どものの日常そのものの話ですから。インターネット社会とは、中央統制ではなく、分散型のネットワークが網の目のように張りめぐらされている。双方向的に情報を受発信し、人と人が時間も空間も関係なく、コミュニケーションできる。いまや子供だってコンピュータを携行するようにもなりました。それを可能にしたのが集積回路の加速度的な進化だった。

そして平成は、モノづくりが影をひそめ、情報技術や情報産業の華々しい進展とピッタリ重なることになりました。

「ＩＴ革命」という流行語が示すように、情報技術によって、人類は新しいユートピアを実現できるかのような言説も溢れ返りました。誰もが世界中の知識や情報をリアルタイムで受信することで、人々の知的レベルも飛躍的に高まっていく。権力やマスメディアに支配されず、個人が自分で考え、自分で発信して、世界中の人間と議論をしながら、国境を超えたデモクラシーが実現できる。ＩＴ革命の旗振り役たちは、情報社会の先に、国境なき理想社会を思い描きました。

未来がこうなるなんて！　宇宙時代を信じ込まされていた冷戦期育ちの人間から見れば「事実は小説よりも奇なり」としか言いようがありません。

どんなに勉強しても情報社会の進歩には追いつかない

しかし、平成が終わりに近づくにつれ、誰もが必要な情報を無限に取れて学んで判断力を高めて、相互にみんなで容易に連絡し合って社会全体として賢くなってゆくといった、バラ色のＩＴの未来像もまた、すっかり色あせる結果となりました。

情報がいくら増えても、人間は生物としてはできあがっているわけで、ＩＴ革命に合わせて突然変異して、記憶力や判断力が進化するものでもありません。人間そのものは古代人である孔子やプラトンよりも先天的・基礎的な能力が向上しているとは考えられない。昔のままです。そこで、情報が増え、仕組みとしても複雑化する一方の世界に対応すべく、後天的な能力を上げようとする。知識や判断力を高めようとする。その端的な現れが高学歴社会でしょう。

日本近代がスタートしたときは、義務教育は小学校だけでした。それが昭和になると八年になり九年になる。高校進学率、大学進学率も上がる。今では大学進学率は五割を超えている。大学院まで行く人も増えている。官庁や企業に入ってもたくさんの研修を受けて勉強させられて、いろいろなスキルを身につけさせられる。現代の人類の先進社会における生き方の特徴は生涯学習ですね。一生勉強です。それだけ学んだら、社会を構成する諸個人の知識や判断力は、過去を凌駕して、日本で言えば明治や大正や昭和に比べて、誰もが世の中の問題点を的確に把握できるような素晴らしい状況になっているのでしょうか。

まさか！　確かに個々人の積み上げる知識の総体は過去よりもずっと増しているでしょう。人生のかなりの時間、勉強しているのですから。しかしだからといって現代世界に人間がついていけているかとなると、大きな疑問を持たざるを得ません。人間そのものの処理能力には先天的な限界がある。そこを補おうと勉強を増やす。でもそれでも追いつかないのが今というものでしょう。

人間が人生で学校に行く時間を増やして能力開発に努めても、その水準をはるかに超える情報が飛び交う。とても処理できない。量だけの問題ではありません。質も難しくなる。難解になる。ノーベル物理学賞の受賞者の研究内容を一般的高学歴者が理解できる率は、どんどん下がっているでしょう。専門家でも追いつけないほど難度が上がっている分野が、高校の理科や大学の一般教養の自然科学知識で分かるわけがない。世の中が高度に複雑化・専門化したために、高等教育を受けても追いつかない。分かりにくい政治的・経済的・社会的事象も増える一方。要するにいくら学んでも追いつかず、人間がオーヴァーヒートしてしまう。そんな時代が当世なのです。

そうなると人間は自ら進んで原始宗教の時代に戻るのです。広く分かろうとしても分からないので、多くのものに目をつむり、「見たいものしか見ない」「聞きたいものしか聞かない」ようになるのです。一種の生き物としての防衛本能というか、追いつこうとして壊れるよりも、どこかで宜しくやって、追いつかなくてもいいから壊れないようにする。これが現代の日本でもアメリカでもEU圏内でも進行していることです。

先進諸国ほど、「先進」を維持する負荷に人間が耐えられなくなって、そういうほうに向かっている。情報が錯綜して多量化して、情報の扱う物事の性質も複雑化しているとしたら、これはもうついていけない。

人間がどんどん視野狭窄になっていく

安倍政権への日本国民の態度は典型的ですね。政権を支持する人は、政権を擁護する保守や右派系のサイトやブログ、アカウントばかりをフォローする。政権が嫌いな人は、リベラル・左派系のメディアしか見ようとしない。自分で考え判断するどころか、味方の論法をそのまま真似て、相手を攻撃し悦に入る。あるいは、相容れないものは端っから無視する。負荷も減って楽だし、自分に近い意見だけに接すればストレスもかからない。

民主主義は議論なくして成り立たないし、違う立場の人同士が議論してこそよりよくなるという前提あっての仕掛けですが、その負担を引き受ける能力が多くの人から失われてしまっている。その原因は安倍政権そのものの性質によるところもありましょうが、知識社会や情報社会の現段階とつながるところのほうが大きいようにも思います。

インターネット登場以前の情報社会のありようを思い出しましょう。メディア環境的に「見たいものしか見ない」わけにはいきませんでした。新聞や雑誌、テレビのニュースは、多種多様な世の中の出来事を伝え、論じていますから、受容する側も、それなりにバランスのとれたかたちで知識や情報を摂取することができていた。いやでも目に入らざるを得ないものが多かった。また、完全ではないとはいえ、トンデモの類の極論や妄想、あからさまな差別や罵詈雑言はスクリーニングされていますから、ネットの情報に比べれば、そういう面での一定の質は担保されていたと言っていいでしょう。

ところがネットでの情報摂取はまったく違います。安倍政権の批判、悪口を見たければ、あるいは野党の揚げ足を取りたければ、そこだけに絞った情報をいくらでも見ることができる。そういう偏った情報空間を選択によって簡単につくり出せる。たくさんの情報に接しているのだが、それが全部偏っている。特定の極端な宗教団体の寺院の中に引きこもって暮らすような情報と価値の極端な選択の徹底が、別に出家せずとも容易に可能となるのが当世です。人間が客観的に賢くなるというのとは対極です。選択的情報摂取を過激化させることで、本人としては深く学んで真理に到達しているつもりで、ただのトンデモになる。批判的意見を知らないで成長するので、本人は主観的過ぎるとは必ずしも思っていない。

偏ったものを見れば見るほど、聞けば聞くほど、偏った見方に落ちてゆくのは当然至極です。

あらゆる立場の情報が膨大に供給されればされるほど、人々の判断材料は増え、そこに議論が生まれれば、社会の判断力はひたすら総合的で適正化してゆくだろう。インターネット黎明期のこのような見方は間違っていたと思わざるを得ません。インターネット上にばらまかれる多過ぎるうえに相反することもこれまた多過ぎる個別情報は、それらを拾い続けることをほとんど不可能にし、人間をオーヴァーヒートさせ、かえって偏った情報としか付き合えない人間を生み出す。人々を視野狭窄に向かわせる。それが今日の現実ではないでしょうか。

とすれば、先進諸国で、多かれ少なかれポピュリズムが吹き荒れるのももっともです。視野狭窄がデフォルトだから、焚きつけるのも熱狂させるのも簡単です。情報社会が進展するにつれ、人間の思考力や判断能力が劣化していく。特に小泉政権や安倍政権を通じて平成の歴史がこのプロセスの不可避性を証明しているようにも思われます。

延びる勉強期間、下がる生産性

いったいどうしたらよいのか。そこで教育の話をなさる方が多い。教育革命で人間を取り戻せばまだ未来は明るいというストーリー。これは成り立つのかというと、さきほど触れた通りで、大学生や大学院生を増やしても追いついていない。

世の中が複雑になればなるほど、学問知識が進めば進むほど、情報が増える。情報量が増えた分だけ、学ぶ事柄も増えてゆく。勉強する期間が長くなる。これはあらためて確認すればひとつの必然です。しかし長くすればするほど、人生で学生である期間が延びて、社会で働く時間、仕事をする時間が後ろに倒れていきます。勉強するべき事柄も膨大化し、人間が真面目にそれに合わせてゆこうとすると、文系であろうと理系であろうと、第一線で活躍するところまで行く年齢が上昇してしまう。

その弊害もあるでしょう。考え方が柔軟で頭の回転も速い一〇代、二〇代、あるいは三〇代前半では、もっぱら勉強したり下働きしたりするばかりで、責任あるポジションにはなかなか就けない。会社でも、バブル世代がごそっと上にたまっているから、若い人の能力を上手に活用できないなどという話をよく聞きます。大学研究職も、人文社会系では就職することさえなかなか覚束なくて、研究に集中したい時期に、低賃金の非常勤講師を幾つもかけもちしないと食べていけない。理系は理系で、研究のスピードがあまりにも速過ぎるから、専門的なことを一通り学ぶだけでも相当な時間がかかる。

結局、分野を問わず、がんばって勉強したけれど、活躍できる頃にはもうくたびれてしまっているような構造になっている。社会の生産性としては、たいへん効率が悪い。

確かに寿命はどんどん延びています。近い将来、一〇〇歳まで生きる人も、もっともっと大勢になるのではないでしょうか。でも長生きというのは、二〇代や三〇代の時間が延びるのではもちろんないのです。一般的に言えば能力を効率的に発揮できなくなる時間が延びるのです。老人になってからが長くなる。勉強しているうちに老人になってしまう時代が来るのかもしれません。そのあと長生きしても……。いろいろな考え方があると思いますが、私は辛さ・悲しさが先に立つような考え方をしてしまいがちですね。

石ノ森章太郎と手塚治虫の最終決戦

資本主義の理屈から言えば、教育期間を延ばし過ぎると、その分、人生で労働に適した期間が短くなるから、社会全体として生産効率が悪くなる。さらに寿命が延びるにしたがって、価値を生みにくい老齢期の人間もますます増えていく。

資本主義は不断の成長、永遠の右肩上がりを、原理原則的には前提としていますから、いかに効率よく利潤を上げるかばかりを考える。資本、つまり事業を行う元手としてのお金が増え続けなくてはいけない、というのが資本主義です。もともとは人間の欲望が生み出したものですが、資本主義においては資本を凝集していくために生身の資本家という次元を超えた金儲けの主体が生まれてゆく。生身の人間たちの結成する組織団体が法的人格として擬人化され、法人がお金儲けをするためなら、なんでも許される方向に行く。

よって生身の人間の欲望を人ならぬ法人の欲望が超克し、法人がお金を増やすことが第一義的になる。この法人とは言うまでもなくまずは会社ですが、国家も法人になるし、諸法人がネットワーク的に現前する場合もあるでしょう。とにかくそういう非人間の儲けのために生身の人間が足手まといになるのが近代資本主義でしょう。

そうなると資本主義は足手まといの人間の問題に対応すべくどんな処方箋を書くのか。究極的には、人間を改造して若々しいまま長生きさせるか、ＡＩ・ロボットに稼いでもらうか、という二つになってくるのではないでしょうか。

改造人間か全部機械仕掛けか。私の世代の文化で言うと、石ノ森章太郎か手塚治虫かの最終決戦になっていく。石ノ森はサイボーグや仮面ライダーでしょう。生身の人間を改造して能力を高めて、しかもあの人たちはおそらく年をとらない設定ではないですか。たとえばサイボーグ００１というキャラクターは永遠の赤ちゃんでしょう。改造された年齢で成長が止まっている。手塚は何と言っても鉄腕アトムでしょう。ロボットですよ。ああいう人間型でなくても、勝手に考えて仕事をしてくれれば、資本主義にとってはどんな形状でもいいわけですけれども。

もっとも石ノ森対手塚とか申しても、改造人間かロボットかのどちらであっても、「もう生身の人間そのまんまはいらない」ことを前提にしている点では一緒です。

そしてこと労働という点では、今のところロボットに分があるでしょう。それは現実を見れば分かりますね。生産性を高めるために、人間を改造しますという発想にはならないし、現実にもそれは起きていない。逆に、国家も企業もＡＩやロボットをいかに活用するかで躍起になっている。それは逆に言えば、しかも突っ込んだ言い方をすれば、ＡＩやロボットが稼ぐから人間はいらない、それが言い過ぎなら人間への期待値が下がっていると、国家も企業も認めるようになってきているということです。

機械が人間に取って代わる最終段階

機械が人間に取って代わるという話自体は、すでに過去の歴史で経験済みで、目新しくはありません。科学技術の歴史を辿れば、いち早く産業革命を経験したイギリスでは、一九世紀初頭に、工場労働者が機械打ち壊し運動を起こしました。以来、つねに機械が人間に取って代わる歴史がずっと続いてきたわけです。

産業革命が起きて、第二次産業が飛躍的に発展すると、工場労働者が必要になるので、第一次産業の農民を、農業をわざと破壊してまで、都市部に追い出して、工場労働者に振り替えていった。その分、農業人口は減ってしまうけれども、農業機械の導入や肥料の発達によって、少ない人手でも生産性を高めるようにしていった。あと人口も文明国ではおおむねかなりの右肩上がりになるから、一時的に犠牲者は出ても帳尻は自ずと合ってくる。

同様に、第二次産業の機械化が進むと、工場労働者が余ってくるので、失業させられて、怒って機械打ち壊しを始めたりしますが、第二次産業の中でたとえば軽工業の一分野で機械化が進んだとしても、軽工業で新分野が出てくる。さらに重工業や化学工業が発展して、産業規模も拡大しているなら、機械に仕事を取られて失業しても、じきにどこかで吸収される。もしもなかなか吸収されないと、不況の深刻化ということになって、これはたいへんで、騒乱や革命につながりかねません。けれども、近代日本に関して言えば、激動の明治一五〇年の中でもそこまで混乱したことはなかった。失業者はどこかに吸収されたのです。炭鉱や工場に。あるいは朝鮮半島や満州の新労働市場に。

それでもついに第二次産業内のオートメーション化が進行して、若々しく新鮮な労働力が「金の卵」と言われなくなって、経験はあるがくたびれた労働力を見捨て出すと、あとは第三次産業ですね。放送も出版も飲食業もコンビニエンス・ストアも、いろんなサービス業も、みんな第三次産業でしょう。第二次産業の企業にも事務職があるわけで。

この第三次産業の分野が労働者を吸引する力は、豊かさを求める社会が軌道に乗ると強大化します。豊かさはサービスしてもらうことで実感されるわけで。誰もサービスしてくれなかったら、買ったものを冷淡にぶん投げられたりしたら、いくらお金があって物を買えても楽しくないのではありませんか。そこにはかなり最後まで人間が必要でしょう。でも気分に左右されて顔に出てしまうのを隠せない人間よりも、いつもにこやかなロボットのほうがいいでしょうね。それが生身を雇うコストに近づいたら、私が経営者ならロボットに代えます。怠業せず、問題も起こさず、賃上げ要求もせず、二四時間働けたりしたら、もう感動のあまり泣けてきますね、きっと。

そんな時代も遠くないというか、そうなりうることを考慮して目前の未来を考えねばならないのが、当節の科学技術の段階なのでしょう。知的労働から単純労働まで、生身の人間を不要としていく時代が急激に進むでしょう。株や為替のトレードは人工知能のほうが上手に決まっている。経理などももっともっとやってくれるでしょう。車も自動で勝手に運転してくれる。荷物もドローンが勝手に運ぶ。コンビニも自動化する。万引きするやつは生体の情報でもとってあとで捕まえる。

たとえば生まれたときに個人認証のチップを体内に組み込むことを義務化して、勝手に取り出したら爆死するようにするというのはあんまりですが、人権剝奪とかの罰を与えるようにして、どこにいるのは誰だと、つねに全国民を把握する仕掛けをつくり、チップの入っていない人間はロボットが捕まえるようにすれば、悪いことなんてできませんよ。

いや、ちょっと飛躍しましたが、とにかくそうやって、知的労働から単純労働まで、第三次産業を含めて生身の人間いらずの状況が加速化したらどうなるか。残念ながら、今までのように次のまとまった振り替え先が見つかることはないでしょうね、もはやこの先は。産業革命以降、振り替えを重ねてやってきたけれど、いよいよＡＩとロボットの時代になって、ついに人間の行き場がなくなってしまう。それが現在起きていることです。

いや、日本は人手不足じゃないかという意見もあるでしょうけれど、それは今のところ機械に比べて人間を使ったほうが安いからですね。現に、給料の高そうな大手銀行は、次々と人員削減を発表しています。ひとたびロボットのほうがコスト安ということになれば、あっという間に人間はいらなくなるのです。

人類は機械打ち壊し運動を起こせるか

では、人間がいらなくなるという現実を、ほかならぬ人間自身は受け入れることができるのでしょうか。

まがりなりにも民主主義という政治の仕掛けが残っているとすれば、どこかの時点で否と唱えるはずです。文明の複雑化とネットの悪しき面の全的展開によって人間の判断力の相対的劣化が進んでしまっているとしても、生活が危うくなり、国民の大多数が没落するような状態になったら、さすがに「そうですか、私をいらないという資本主義様の政治的・経済的判断に同意します」という人がたくさん出てくるとは思えない。「生きたい」という人間の本能まで簡単に失うとは考えられない。そこまで行ったら、再び機械打ち壊し運動を実行せざるを得ません。民主主義的な意思決定によって、あえて人間のために、科学技術にブレーキをかける。これが人間を処分させないためのひとつのシナリオです。

でも、現状をふまえると、このシナリオが実現するとはなかなか思いにくい。人間がいらなくなるという話は昨今あちこちでよくなされているはずですが、雇用の一部が奪われる、いや、むしろ人間がもっと楽をできるくらいのところで、多くが納得している雰囲気が感じられます。どうしても楽天的です。

AIやロボットは人間のつくるものだし、鉄腕アトムもアイザック・アシモフのSF小説のロボットも人間に奉仕してくれるはずだし、しかしロボットという言葉を考えついたカレル・チャペックはロボットによって人間文明の破局が導かれるヴィジョンに至っていたはずだけれど、そういう悪い方向への想像力は社会として弱い。みなさん、人間は自分を含めてまだ大丈夫と思いたがっている。そう簡単に見捨てられるはずがない。AIやロボットは賢く使えばいいんだ。それこそインターネット時代の情報の取り方の典型かもしれないけれど、自分に都合の悪い情報はあまり入れず、悪夢は見たがらない。

やはり不思議な気がします。AIやロボットがたとえば家事を代行してくれるなら、人間は家事労働から解放される。自家用車が自動運転になれば、足腰の弱った高齢者や外出の困難な身体障害者もあちこちに行きやすくなるかもしれない。でも家事はともかく後者の自動車はタクシー運転手の雇用をダイレクトに減らしますね。

AIやロボットが活用されるのは、家庭に限らない。やはり役所や企業です。その方向を推進して期待される効果は、人件費の削減でしょう。楽をするのは生身の人間ではない。役所や企業といった生身の人間の論理とは別次元で動く組織なのです。そこで働く人間は楽をできるのではなく余されて解雇されるか、給料を減らされるのです。

この当然に気づくのが当たり前なのに、便利になってうれしいと勘違いしている。そんな人が多い。もう振り替えて新たに働ける大きな労働市場が生まれるとも考えにくいというのに。機械打ち壊し運動が思い出されてよい時節なのに。何かが麻痺している。

資本主義の凶暴性が忘れられた時代

その理由を考えるとき、ひとつの背景として思い当たるのは、平成の時代の開幕直後に本格化した冷戦構造の崩壊ですね。冒頭で触れたフラット化です。アメリカ主導のグローバル資本主義経済のもとで世界が一元化してフラット化してゆくだろう。その資本主義は貧富の差を極端化してゆく資本主義ではなく、社会主義に負けないために、社会主義から取り込めるところは取り込んだ修正資本主義のイメージだったでしょう。階級の上下の距離が開き過ぎないように累進課税などをやる。中産階級を厚く育てて下層をなるだけ減らし、不満のエネルギーが高まり過ぎて社会主義革命に結びつかぬよう、細心の配慮を重ねる。もちろん福祉国家化を推進する。そういう資本主義が社会主義に勝った。社会主義は退場を宣告された。急激にマルクスやエンゲルスが読まれなくなった。

だからどうしたというのか。マルクスやエンゲルスを読んで資本主義の本来的凶暴性、人間不在でも資本の蓄積をはかる恐るべきオートマティックなメカニズムを教養として学ぶ習慣が、高学歴層から一気に失われたのです。

資本主義は常なる発達を目指し、儲けを出そうとし、儲けるための最大効率化を志向する。そのために設備を不断に更新してゆく。そういう新競争が企業競争だ。設備投資の元手を確保する基本方策は、いつも人件費の抑制である。賃下げや解雇で人件費を減らす。労働者を切り捨てる。そうして行われる設備投資が生身の人間を働かせる設備でなくＡＩやロボットで労働力まで賄われる設備だったとしたら、これはもう人間はいらない。雇用は返ってこない。当たり前過ぎる。この当たり前を忘れてしまっているのではないですか、特に日本は。マルクスばなれがあまりに過激でしたから。

冷戦構造が崩壊してもう社会主義は必要なくなった。それからの四半世紀は資本主義が社会主義を顧慮せずともよくなって、福祉とかも杜撰にして、中産階級の崩壊にもお構いなしで、本来の凶暴性をむき出しにしていった時代とも解されます。実は社会主義の思想がますます入用になる時代が冷戦構造崩壊後だった。そこに技術進歩が絡んで、ついに人間いらずの段階に至ろうとしている。ところが「ロボットが開くバラ色の未来」「ＡＩで便利な社会に」なんて言われると、人間は「そうかな」なんて思ってしまっている。

マルクスが読まれなくなって、資本主義の恐ろしさを理屈として教えられなくなった世代が社会を担う世代を占めているせいだと、やはり思います。本当は恐ろしいものを自分たちをまだまだ豊かにしてくれるいいやつだと勘違いしている。お払い箱にされて廃棄物処理場行きのベルトコンベアに乗せられつつあるというのに。

実際、マルクスが忘れ去られた平成になってから、派遣の雇い止めやブラック企業のように、人間を使い捨てる労働現場の話が途切れることなく出てくるようになったでしょう。資本主義を純化させれば、人間は無残に打ち捨てられる。そうさせないためには、社会主義的な仕組みだとか、労働運動だとかで抵抗しなければならない。プロレタリアートが連帯しなければ、資本の暴走は防げない。こういう議論を知っているか知っていないかで、世の中の見方はまったく変わってきます。

しかし、もう人間に後がないような状況に陥っている現在でも、資本主義文明、科学技術文明に抵抗しようというコンセンサスは得られそうにない。むしろ多様な生き方の実現だとかＡＩとの共存だとか、人間様が生きるのは当然という前提でしかものを考えていない。いらない側に分類される人間がそう思いたがっているように見える。

ポスト平成にマルクスを呼び戻せ

人間が人間として生き残るシナリオの実現可能性は低い。そうなったら、あとは一方的に人間が捨てられていく方向にしか進みません。

AIによって雇用の減少は避けられないから、BI（ベーシック・インカム）を導入して生活を保障しましょうという提案もあります。でも、それはAIとロボットが生み出す富で、人間が餓死しない程度の保障をしてもらおうという話以上のものではありません。AIとBIで誰もが自己実現をできるだとか、思い通りに生きることができるという楽観的な見通しに、まったく根拠はありません。つい十数年前にはITユートピア論がまことしやかに語られた。その夢想はまたたく間に裏切られ、逆に情報技術が人間を劣化させ、至るところに分断や差別を助長している現実から目をそらすべきではありません。

AIやロボットにただ生かされる。人類が急に雇い止めにされるのだから、生きる気力なんてわきようがない。人を増やす意味も見当たらないから、人口減少の一途を辿る。人間はロボット文明の片隅にある人間居住区で、ひっそりと生き続ける。そんなSFじみた世界が来てもおかしくないところまで、人間は追い詰められていると見たほうが適切でしょう。

そこで思い出すのが、イギリスの科学史家バナールが一九二九（昭和四）年に書いた『宇宙・肉体・悪魔』という本です。同書でバナールが描き出した未来は次のようなものです。

科学文明が進歩し続けると、知識が増大し続ける。増大する知識をフォローするためには勉強が必要ですけれど、やがて人間の寿命では勉強が追いつかなくなるときがやってくる。そこでどうするか。人間を脳だけにし、血液に相当する培養液の海に浸けるのですね。さらに、無数の脳を電気的に連結して群体化し、思考や意識を共有する。脳だけになれば、身軽になって老化が遅れ、長生きできる。個々の脳が死んでも、その思考や意識は群体脳のどこかに転写できるから、不老不死も同然。そうやって人類の叡智の蓄積は無限に続けられる。そんな未来像が提示されるのです。

ただし、生まれたときから脳だけにするわけではありません。青年時代までは、生身のままで生きてスポーツを楽しんだりセックスをしたりして、子孫を増やす。その後、脳だけになって培養液に浸かる。結局、文明を維持するためには、生身の身体は生殖以外には不要になっていくと言っているわけです。

脳を連結させることは荒唐無稽に聞こえるかもしれないけれど、それをAIネットワークに置き換えさえすれば、構図は現代と同じです。つまり、資本主義と科学文明の効率性を追求する立場からは、生身に制約された人間は維持に何かと経費のかかり過ぎる邪魔者で、ついには文明発達の阻害要因にしかならないから、思考だけ残して、あとはなくしてしまおうと。脳だけ取ったらさようなら。AIに人間のあらゆる思考パターンが記憶され応用可能になったら、脳ももうさようなら。そうやって誰もいなくなって、ただAIとロボットが資本蓄積のゲームを続けている世界だって、もう真面目に想像できる。あまりに空想的かもしれませんが。

どうしたらよいのか。ひとつは繰り返しになりますが、何が何でも政治運動として諦めずにがんばって機械打ち壊し運動をやることです。資本主義の発達の一部規制ですね。イギリスの経済学者で、ピケティにも大きな影響を与えたアトキンソンは、労働組合にもっと権力を持たせて、AIやロボットへの技術開発の投資を政治と法によって世界的に抑制することを提案しているでしょう。資本主義は放っておいたら今の科学技術を最大限に活用して利益の拡大をひたすら目指しますから、どうしたってAIやロボットに行く。自由放任では済まない。そしてAIやロボットでいいじゃないかとはやはり言えない。人間の生きる権利に抵触してくるのですから。

ナチスは暴力的に虐殺するから怖いとすぐ分かるけれど、虐殺はされなくても人間のいらない環境をわざわざ進んでつくるというのは結局、どう大義名分を立ててごまかそうとしても、ソフトな虐殺ですよ。したがってAIとロボットをめぐっては選択と抑制を国際的に、特に労働者階級による人間本位の権力によって行うべきである。正直言って現実的には厳しいし、ひとつ間違えるとこれはこれでとんでもないことになりそうですが、とりあえずそれしかない。温暖化対策よりもこちらのほうが優先順位は高いと思うのですが。

ＡＩ栄えて人間が滅ぶ道を選ぶのか、人間であり続けるために現代の機械打ち壊し運動に参戦するか。とにかく、平らかに成る予定だった平成の世が追い払ってしまったマルクスを読み直したほうがいいですよ。ポスト平成の人間の行く末は、マルクスを呼び戻せるかどうかにかかっているのかもしれません。

第一〇章　北一輝と麻原彰晃の奇妙な符合

——瓦解する戦後民主主義

ヒビ割れた平和主義

一九四五（昭和二〇）年の夏、日本は戦争に敗れました。軍事的脅威を速やかに除去し、近代民主主義に立脚する国に生まれ変われない限り、独立の回復も国際社会への復帰も認められない。それが日本に突きつけられたポツダム宣言の内容でした。

戦後、日本は新憲法を基に民主主義国家を建設してきました。敗戦の悲惨な経験をもう二度と繰り返したくない。何百万もの日本人が犠牲になった。憲法が米国の押しつけだったとしても、その中身を日本人の多数派は自らの意思で支持してきました。

ところが、新憲法に支えられた戦後民主主義は、平成の三〇年のあいだにずいぶん崩れてきたように思われます。平和主義と基本的人権の尊重、そして国民主権——。新憲法に基づく戦後民主主義の三大原則は、平成の終わりにどんな姿になり果てているのか。瞥見（べっけん）してみましょう。

まず平和主義です。日本国憲法は、平和と正義を愛する世界の諸国民を信頼しつつ、日本が積極的に戦争を放棄し、戦争をするための軍隊も有さないとうたっています。ただし、平和憲法は、個人になぞらえれば正当防衛の権利まで捨てることを意味せず、必要最低限の武力を備えても構わないと解釈されてきました。

必要最低限の武力を決めるうえで決定的な役割を果たしてきたのは何でしょうか。日米安全保障条約です。

集団的自衛権は認められないので、外国には出ていかなくていい。自衛隊はその名の通り自衛のため、専守防衛のために存在する。と言っても中立で自力の専守防衛ではない。日米安保で守ってもらえる。だったら自衛隊はいらないのではないか。そんなことはない。日本が侵略されたとき、在日米軍がただちに出動して守れるというものではないだろう。在日米軍の規模にもよるし、侵略の規模にもよるけれど、米軍が侵略者を撃退するに見合った充分な戦力を整えて本格的に出動するまでには時間がかかる。その時間をつなぐのは日本である。他力防衛が本筋なのだけれど、つなぎとして自力の防衛能力がいる。それに必要とされる防衛力が、必要最低限の防衛力ということになる。

戦後の自衛隊の規模や編成を決めてきたのはそんな理屈でした。これなら、なんとか憲法第九条と矛盾しないように見せかけることができました。必要最低限というのは正直なところ、とてつもない曖昧概念です。もしも自主独立路線で、隣国であるソ連や中国やアメリカに対して必要最低限の自衛力を持とうと思ったら、自力で大国からわが身を守るのですから、必要最低限をどんなに低く見積もっても世界的軍事大国にならざるを得ない。それでは憲法第九条と平仄が合わない。しかし、日本を守ってくれるのが世界に冠たる米軍となると話が違ってくる。

米軍のサポート役に徹するするなら、自衛隊の規模を常に少なめに見せておけるのです。それで不都合はない。自衛隊という名称のリアリティ、つまり侵略的な重武装の軍隊に見えないという

ことは、憲法第九条によってそうなってきたのではなく、日米安保のせいでそうなってきたのです。

けれど、平成の三〇年間、つまりは冷戦構造崩壊後の世界の変遷の中で、米軍の力にも翳りが見えてきた。世界の警察を誇っていたアメリカがいまや内にひきこもろうとしています。まだ世界最高の軍事力を保持しているとは言っても、地政学的に世界でも極めて複雑な場所に存在しながら専守防衛をうたう日本を守るのは、そろそろ割に合わなくなってくる。

もともとアメリカにとって日本の防衛が重要だったのは、共産主義の脅威からアメリカを守るためです。もしも日本がソ連の陣営に組み込まれれば、日本の東は太平洋を挟んでアメリカ西海岸。途中に障壁がない。アメリカとしては日本が味方でないと安心できなかった。ところが冷戦構造が崩壊したということは共産圏がなくなったということです。一九八九年、すなわち平成元年の「ベルリンの壁」崩壊以来、アメリカにとっての日本の国防上の意味合いはずっと右肩下がりと言ってもよいでしょう。

それでも日本が日米安保にこだわるのなら、今まで通りにはいかない。米軍に日本の基地を提供することがアメリカの国防に寄与しているのだと、日本もこれまでのように大きな顔をし

ていられなくなる。ならばせめて日本の自衛隊も海外に派兵して米軍を助けるべきだ。そのくらい日本が誠意を示せば、日米安保の寿命も延びるだろう。日米安保を維持したほうが、自主独立、専守防衛よりは、日本にとっては安上がりなのだ。アメリカもそう願っているだろう。これは日本の勝手な忖度なのかもしれません。とにかく、アメリカに対して従来以上の代価を支払えば、日米安保は持続可能である。日本はそう考えたわけでしょう。解釈改憲によって集団的自衛権を認め、自衛隊の行動範囲を事実上拡大しました。関連する新法制もできあがりました。

それでおよそ済んだとも言えますが、やはり憲法第九条との整合性に問題が出てくる。それならば改憲か。安倍政権はこの国の宗教界から政財界までの改憲派を幅広く結合して支持母体としている。支持母体への申し訳も改憲しなければ立たない。かくして現政権は、解釈にとどまらない本物の改憲を視野に収めています。それが平成の終わりの政治的段階です。平和憲法は風前の灯というわけです。

戦後民主主義の平和主義という建て付けは、日米安保体制の継続のためには不適格。平成とともに、平和主義のヒビはひたすら拡大してきたのです。

軽くなる人権

次に、基本的人権の尊重はどうでしょう。個人が自由にふるまえ、財産は守られる。基本的人権はそこにとどまりません。人間が人間らしく生きるための条件を国家が最大限整えるのが基本的人権の尊重ということになる。放っておいたら人間らしく生きられない人がいれば、公共がサポートしなければならない。老人や傷病者や子供、失業者などに手当を支給しなければならない。基本的人権の尊重とは突き詰めれば福祉国家になる。戦後日本は、右肩上がりの経済が福祉の財源を生み出し、福祉の質をそれなりに高めてきました。国民の世代構成も、高齢者をその他の世代が支えられる範囲内でした。

ところが平成の特に後半、少子高齢化が顕在化してくる中で、公共が国民に厚い福祉を施せる状況ではなくなってきました。年金支給年齢を引き上げたり、健康保険料の額が増えたりと、国民の負担は増す一方で、その見返りは減る一方である。福祉は切り詰められていく。

それはつまり人権が軽くなるということです。自民党の改憲案で、自助や共助、家族の助け合いが重視されているのもそのせいでしょう。日本は「中福祉国家」と呼ばれてきましたが、低福祉への切り下げに向かっているわけです。

資本主義と民主主義の二人三脚

三つめの国民主権はどうでしょうか。これもまただいぶん変調をきたしているのではないでしょうか。

憲法制定権力を主権と呼ぶならば、戦後憲法は国民の名において制定されたものですから、それがもしも改められようとも、国民が定める憲法であるという体裁が保たれている限りは、国民主権は形式的に崩れません。

しかし、国民ひとりひとりが最大限自由に生きられることを国家の原則とし、そのために国民が政治的権利を行使するのが、自由主義と民主主義が組み合わさったときの国民主権の実質的な意味であるとすれば、話は違ってきます。平成は民主主義が形骸化する時代ともとらえられるでしょうから。

人間、議論するとよりよい選択が出てくると思えなければ、本気で議論などしません。それは結局、民主主義が高度なレベルで実現していると言われている先進民主主義国が揃って先進資本主義国であることを見れば分かるでしょう。

近代の民主主義というのは、つまるところ動員と参加で成り立つものです。資本主義が成長していく中で新しい産業がどんどん生まれるから、身分制、封建制を解体しないと必要な労働力を調達することができない。資本主義はそういう意味で階級の打破を求めるわけです。国民が政治思想的に成長するから、身分に甘んじなくなって旧体制を打破するというのは、政治思想だけをやっている人たちのお伽話。実際はそういう理想が歴史を動かす力となってきたとは、なかなか言えないでしょう。資本主義というバケモノが階級の流動化を要求してきただけのことです。

資本主義が進み、産業化の質も内容も高まり、規模も大きくなると、工場でも事務所でも、質の高い労働者が大勢必要になる。そうなると教育の質も高めなくてはいけない。小学校だけでは足りない。義務教育の年限を延ばして、中学まで行かせようとか。そうなってきます。教育の質を高めると、国民にいろいろな知恵がつく。兵隊に行かされるとか税金を支払わされるとか、義務や負担ばかり多くて権利が伸長しないと、国民は納得しない。そこで国民に参政権を与えて自分たちが主役だと思わせる。権利を得て参加すると、責任感が生じて、やる気が高まる。憲法も国民の名においてつくる。国民に自由とそれを守るための主権を与えるのは、結局、一時代の資本主義の要請だったと言っていいでしょう。そのほうが全体としてよく働くようになるのです。

その意味で、近代の資本主義と民主主義は二人三脚で進んできました。自由な個人の構成する国民主権の国家、すなわち政治的には民主主義で運営される国家が、資本主義を成長させ、富を増やす。国民には見返りとして福祉が与えられる。資本主義に民主主義と国民国家を抱き合わせるのが、経済を成長させる最適なモデルでした。だから、右肩上がりが続いていく限りは、民主主義もそれなりに機能した。よりよい選択肢を選べば金回りがよくなるのなら、政策について考える甲斐もあるわけです。参政権を行使してもっとうまくいくだろう政治の方向を選ぼうとする。資本主義が高まれば高まるほど、民主主義も活性化する。好循環というわけです。

資本主義的暴力が国民国家を破壊する

しかし、すでに述べたように、ＡＩとロボットの時代になれば、生身の人間の労働力は必須ではありません。人間に手厚い福祉をするぐらいなら、ＡＩとロボットに金をかける。資本主義が行き詰まりながら、なおも成長の道を模索するとすれば、民主主義や国民国家は邪魔者になり、単純労働は移民で充分。自国民に高額の教育費などを投資し、余生の面倒まで見ても、それに相応する見返りがもはや期待できない。利益を生まない国民国家はもういらない。国民国家を効率的に作動させられる民主主義ももはや御用済みである。国民なんて見捨てるのが手っ取り早い。グローバル資本主義の論理でしょう。

資本主義の論理から言えばそうなるのですが、それに苦しめられるはずの国民の側が資本主義の論理に抵抗するために上手に民主主義を使っていけるかと言うと、そうなりそうにないのが暗澹たるところなのです。資本主義と民主主義の右肩上がりの二人三脚しか知らない国民は、どこに投票してもうまくいかないとなってくると、参政権を行使する意欲をなくしてゆく。よりうまくゆくために投票する習慣ばかり身につけてきたのに、誰に投票してもうまくゆかなくなったら、もう真面目に政治参加する気持ちが萎えてしまう。誰を選択したって、結局、パイは分配されない。よりよい道が示されない。それなら、もうどうでもよいではないか。

高度経済成長期では、誰を選択してもそれなりにうまくゆくから投票率が低いことがありました。でも、現代はまったく逆です。誰に投票してもうまくゆかないニヒリズムゆえに投票率は低迷している。「名ばかり国民主権」の時代が到来し、民主主義は瀕死の状態です。われわれは豊かになれるのかではなく、われわれは生き延びられるのかというふうに問題意識を変えて、民主主義のルールをわれわれが生き延びるために活用すべきなのですが、そう簡単には転換できない。

たとえば、先にも触れたように、ロボット化が進んで、人間の労働機会が減り、多くが失業してしまったら、ベーシック・インカム（ＢＩ）、つまり生存していれば一定のお金が誰にでも定期的に入る仕組みをつくって全世代が充分な余暇を楽しく使って人間らしく食べて生きていければよいという議論をする人たちが出てくるのですが、なぜそんな楽天的なことを考えられるのか、私には不思議なのです。「働かざる者、食うべからず」という名言がありますけれど、誰がどうして、働かざる者にも働く者にも一律でベーシック・インカムを払う理屈と仕掛けを創出し、どんな民主主義的合意によってそれが駆動するのでしょうか。

国民が見捨てられ、国民主権が形骸化し、民主主義が壊れ、資本主義が人間不在の方向に暴走しようとするとき、国民を守る民主主義がとてつもない力をどうやって振るえるのか。働かざる者が増え、参政権を行使する気のない者も増え、国民国家のたがが緩む。その中で、ベーシック・インカムのようなフランス革命級の社会経済革命が、どのような手続きによって達成できるのでしょうか。ここには解決不能な逆説があるように思えます。

必要なくなった人間をわざわざ食べさせ続けるほど、資本主義は甘くありません。極論すれば大量虐殺という手まで使って、「不要品廃棄」をやりかねないのが資本主義的暴力です。不良在庫の清算。私は非常時的な暴力の発動に興味を持っているせいで、おかしいのかもしれませんが、アウシュヴィッツやシベリアやポル・ポト政権時代のカンボジアや文化大革命の下放、あるいはSF的想像力の次元ではゲート・シティの外の無法地帯のような治安も生存権もへったくれもない無法状況を、近未来のありうる光景として考えてしまいます。杞憂であればよいのですが。

もしもそこまで行ってしまえば基本的人権はかけらもなくなる。これこそ本当の近代の終焉でしょう。資本主義的暴力だけでなく、文化大革命とかは共産主義的暴力と申すべきでしょうが、ただしアウシュヴィッツは資本主義的暴力ですよ。ナチスは国民社会主義の理想を掲げましたが、本質的には資本主義です。選ばれた民族の私有財産を擁護するために、選ばれなかった民族を始末して、財産を没収し、選ばれた民族のほうに再分配して、選ばれた民族の延命をはかるのです。

話が行き過ぎました。とにかくこのように、私たちが長いこと当たり前に思っていた戦後民主主義の三大原則は、平成の三〇年のあいだに大きく綻んでしまって、平成の次はもっともっと綻んでゆきかねない情勢ではないかと思われるのです。

現代の学徒出陣としての五輪ボランティア

では、ポスト平成はどんな時代になってゆくでしょうか。その兆候が今少しずつ現れてきているように思います。

たとえば、二〇二〇年の東京オリンピックのために募っているボランティアです。文科省とスポーツ庁は、各大学に、五輪開催に配慮して授業期間を設定することを求めています。そこには、学生のボランティア活動を学習成果と結びつけることを奨励するような文言も盛り込まれていました。ボランティアというのは、一般的にはあくまで本人の自発的な無償の行為を言うのだと思いますが、つまり自主的に喜んでやるのがボランティアなのでしょうが、東京オリンピックのボランティアは、これまでの意味合いとはもう性質を異にしているでしょう。「現代の学徒出陣」と言っている人もいます。

ここで少し、太平洋戦争期の学徒出陣について振り返っておきましょう。学徒出陣は一九四三（昭和一八）年からですけれども、なぜそうなったかを知るためには、一九三七（昭和一二）年に始まった日中戦争から考えてみなければなりません。というのも、そこから敗戦までは一貫して、資本主義・自由市場の体制に任せていては人が足りない世の中にひたすらなってゆく。当時の日本は人口増加が続いていて、そこは今日の人口減少時代とは違いますが、戦争が終わらず、しかも拡大して、兵隊と軍需生産で人間を右肩上がりで取られてゆくと、人口増加が追いつかない。人も足りなければ、国力以上の戦争をしているのでお金も足りなくなる。そうすると、安上がりかつ無茶な動員をかけてゆくしかなくなるのですね。

まず、一九三七年、日中戦争開始直後に第一次近衛文麿内閣によって「国民精神総動員運動」が行われます。「精神総動員」というといきなりコワモテな気も致しますが、「精神総動員」であって、「肉体総動員」ではないところがミソです。物理的な強制を伴っていたわけではない。職場で日の丸を掲げたり愛国歌をうたったり標語を唱えたりして、愛国心を喚起する。まだ気分の問題で済んでいる。初めはお手柔らかなものだったのですよ。

その翌年の一九三八（昭和一三）年、日中戦争がいよいよ終わらなそうだというので、ついに今度は国家総動員法が制定されます。同法の条文は極めて簡潔で、とにかく戦争遂行を最優先にして人的・物的資源を総動員しなければならないとうたう。ではどうやって動員するのかというと、その詳細に関しては行政が命令のレベルで定めればよい。法令の令のほうです。ということはいちいち国会を通さなくてよい。法を簡単にして令のフィールドを拡大するのは行政国家化の促進であって議会の形骸化を促します。一九三五（昭和一〇）年に天皇機関説事件が起きて、議会重視の美濃部達吉の憲法学説が公的な場から退場させられたのがここにつながってきます。

大正デモクラシーの発想だと、国家総動員をやるのでも、いちいち具体的な法にして国会で審議しなければならないことになる。だが日中戦争下の非常時だから、行政が必要に応じて機敏に物事を決めて走らないと戦争に負けてしまう、国会にかけていたら間に合わないとの論法が優越する。そして実際に、一九四五（昭和二〇）年に向かって、家庭婦人を労働現場に動員しよう、学徒を軍需産業に勤労動員しようといった重いレベルの内容が、学徒勤労令や女子挺身勤労令といった、行政の裁量ですべてが決められる命令のレベルでつくられていきました。

では学生が在学中に兵隊にとられてしまう学徒動員の法令上の根拠は何だったのか。これも命令のレベルの問題でした。兵隊の話は国家総動員法ではなく、兵役法です。二〇歳になったら徴兵検査をして規格者を兵隊にとる。これは法律のレベルですが、高等教育を受けている者は学籍にある限り徴兵検査を猶予するというのは兵役法の施行令での決まりです。軍が勝手につけた。

どうとでも直せた。太平洋戦争の後半になると青年男子がどうにも足りないので、そこに手を

もちろん、勤労動員や学徒出陣はボランティアかというと、兵隊には給料が出ますし、勤労動員にも手当はついたのです。ですからボランティアの一般的な意味とは違います。しかし、普通にしていては人手が足りず、かといって高給で募集する余裕もないので、なるたけ安い手当でも奉仕をするように社会的価値観の次元で誘導し、その先に半強制化し、ついに強制化まで行きかねないという、国民精神総動員運動から法令による誘導・強制のプロセスは、東京オリンピックに向かう現代日本によって、なぞられているようにも思われます。

それでついに学徒出陣まで行ってしまったのですが、太平洋戦争時にはまだその先がありました。一九四五年六月の国会では、鈴木貫太郎内閣のもとで、義勇兵役法が成立しています。義勇兵とは英語で言うとミリタリー・ボランティアです。ボランティアなのですが、兵役なのです。本土決戦時には青壮年の国民は男女を問わず軍の指揮下に入ることを法律で定めた。ボランティアを義務にした。義勇兵と兵役には語義矛盾がありますが、そこは国民道徳のレベルで、つまり、日本人ならば天皇陛下のために自発的に忠義を尽くして死ぬのは当たり前、命令されてもされなくても必ずお国のために命を投げ出すはずだという次元で、矛盾が矛盾として解されないことになってしまう。義勇兵役法は古代の防人（さきもり）の心の法律化であって、ボランティ

アの義務という表現を不思議に思わないのが日本精神なのです。

この法律のもとでは、国民は義勇になって、弾を運べとか、塹壕を掘れとか、食料を運んでこいとか、盾になってそのへんに立っていろとか、軍の言うことを聞かなければいけません。沖縄戦のときは、まだ義勇兵役法はありませんでした。ですから、あのときの沖縄の一般県民が軍に協力し、結果、大勢の人々が死に至らしめられたというのは、言わば精神総動員の水準でなされた業だったのでしょう。その経験が法律になったのが義勇兵役法というわけです。

ひるがえって、東京オリンピックや今後の日本のことを考えた場合、人手不足がさらに進行することは明らかでしょう。東京五輪も老人介護も、市場では賄いきれないのでボランティアの動員が要請される。まず、精神総動員の要領で、参加しないといやな思いをするような社会の雰囲気づくりが試みられてゆくでしょう。その先はもっとエスカレートするのではないでしょうか。

そんな流れは、もちろん日本に限った話ではありません。フランス政府は、一六歳前後の国民に一カ月の奉仕活動を義務づける計画案を発表しています。もともとマクロン大統領は徴兵制を公約に掲げていましたが、それが後退して国民奉仕活動になった格好です。

これを軍国主義化やナショナリズムと見るのはおそらく筋が違う。結局、フランスも人が足りないわけです。公共に必要な労働力や兵隊の確保を普通にしようと思っても人が集まらないから、ボランティアを義務づける。一九三〇年代、四〇年代に経験した総動員体制と同じ構図が、先進資本主義国で反復されている。戦争のための総動員ではなく、社会の維持のための総動員なのです。ロボット技術が進歩すれば、ボランティアも大していらないということも考えられますが、やはりつなぎとしては、生身の人間のほうが安上がりでしょうから、動員される時期が出てくるでしょう。そのあとはいよいよ大勢の人間が資本主義の論理からついにはみ出して見捨てられるのかもしれません。

ともかく、少子高齢化のトップをゆく日本を待ち構えているのは、まずは公共サービスのボランティア化でしょう。五輪のみならず、被災地の復旧、老人介護など、社会の至るところで自助、共助という名のボランティアが推奨されていく。日中戦争から始まる総動員体制が、二度めの東京五輪をきっかけに反復的に再現されてゆくのではないでしょうか。

オウム真理教化する日本

ポスト平成の兆候として、もうひとつ触れておきたいのがオウム真理教です。歴史的に見て、世の中が行き詰まってくると、霊力や超能力というオカルト的なものがブームになります。

戦前では、日露戦争の勝利で右肩上がりが一段落し、目標喪失に陥る高等遊民が増え出した頃に、千里眼や念写が大いに流行りました。その時期に、右翼革命家の北一輝が『国体論及び純正社会主義』を書いています。日露戦争直後の一九〇六（明治三九）年のことです。

同著には、天皇の霊性に照らされた日本人は、人類から神類に進化するなど、当時、世界的な流行思想だった社会進化論を応用した疑似科学的な記述がふんだんに盛り込まれています。大正時代に入ってもオカルトブームは続きます。世間では手かざしによる病気治療や特殊な食事による体質改善などが流行していました。

さて、北一輝の天皇信仰は、天皇を中心とした社会革命の企てへと展開していきます。一九二三（大正一二）年に『日本改造法案大綱』を著し、その影響も受けた陸軍青年将校たちが一九三六（昭和一一）年に二・二六事件を起こした。北はそこに連座して民間人なのに秘密の軍法会議で裁かれ、翌年に銃殺刑に処せられました。北一輝が『国体論及び純正社会主義』を書いて右翼のカリスマになってから、死刑になるまでの期間は三一年になります。

ここに奇妙な符合を発見できるのです。麻原彰晃が、オウム神仙の会をオウム真理教と改めてから死刑になるまでの期間も三一年なのです。

オウム真理教もまた、閉塞的な時代の中で生まれた新興宗教でした。高度経済成長が一段落した昭和の終わりに、若者の鬱屈を吸引して成長した。文明の行き詰まりを言挙げし、人間自体の変革を唱え、霊性や超能力を売り物にしました。やがて麻原彰晃は、教団が外部から毒ガス等で攻撃されていると主張し、信者に危機意識を植えつけます。カリスマのもとで敵に向かって結束する。世の中からはみ出ているというコンプレックスの共有が、内部の一元化・同質化と、外部に対する攻撃性を相乗的に高めた。そうして一九九五（平成七）年の地下鉄サリン事件を起こすに至るわけです。

共通しているのは三一年という時間幅だけではありません。両者の三一年の間に、世の中はどう変化したか。端的に言えば、超能力やオカルトのリアリティは失われ、本家本元は死刑になるけれど、その頃には死刑になった人間の思想のモティーフが世俗化して国家社会全体に反映されている。そういう時代の流れが、明治の終わりから昭和一〇年代までと、昭和の終わりから平成の終わりまでとに、二回繰り返されているのではないでしょうか。

一九三六年の二・二六事件から二年後には、先述した国家総動員法が制定されました。いわば北一輝がクーデターによって実現しようとした国家社会主義は、国家総動員時代というかたちで実現されたのです。麻原彰晃の場合はどうでしょうか。オウム真理教の教義が実現したとは言いません。でも、大げさに危機感を煽って、内部の一体性を高めようとするオウム真理教のファシズム的性向を、現代日本はどこかなぞっていないでしょうか。右も左も視野狭窄に陥り、陰謀論がおおっぴらに語られる。しかもオウムは高度な科学技術によって武装し、人間や文明の変革を夢見ていた。麻原が死刑になった現在、ＡＩや遺伝子工学によって、人間そのものもポスト・ヒューマンに進化するという議論がまことしやかに論じられています。こうしてみると、日本全体がオウム真理教化していると見立てることもできそうです。

平らかに成らなかった「平成」

なんとも元気の出ないポスト平成像になってしまいました。戦後民主主義は瓦解し、国民総ボランティアのような時代がやってくる。要するに、国は面倒見きれないから、国民にタダ働きをさせてなんとか国家の体を保つ。国家は国家で、オウム真理教のようにカルト化する。

おそらくその危機感をもっとも敏感に感じ取っていたのが今上天皇でしょう。二〇一六（平成二八）年八月八日の「おことば」でも戦後民主主義の育てた象徴天皇制を擁護し、天皇が存在する意味を国民との実際のふれあいの積み重ねに求めました。それを、現実主義を掲げて戦後民主主義をなし崩しにしていく現政権やそれに結びつく復古主義への必死の抵抗と見ることも、あながち間違ってはいないでしょう。

近代天皇制では、皇位の継承は天皇の崩御したときに限られていました。皇室典範によって、生前退位は認められていないからです。その制度を変更してまでも、今上天皇は代替わりをお求めになった。しかし、そのことが持つ意味を国民が真剣に考えている様子は見受けられません。

今上天皇は、戦後民主主義の天皇はこういうものだということを、分かる人には分かるかたちではっきり示されました。ならば、それについて共鳴して、陛下自らがこういうことを考えられたのだから、身を正して戦後民主主義と、戦後民主主義に適った天皇制を守りましょうという人もほとんど見かけません。

おそらく戦後民主主義を実感として継承することが不可能な時代になってしまったのでしょう。戦争の記憶があるから平和主義があった。それがある限りは、米軍を助けるために集団的自衛権を認めましょうとリアリズムで言われたって、日本の戦後はそういうものじゃないんだと本気で言い返すことができました。しかし、そういう人がいなくなった今、日米安保優先というリアリズムだけがまかり通っていくのです。

日本も世界も「平らか成る」はずでしたが、振り返れば、年々、カタストロフが顕在化してゆくのが平成の世でした。その時代が、今上天皇の意志によって終わろうとしています。パンドラの箱は開きました。その底に「希望」は残っているでしょうか。

あとがき

子供の頃、日本の総理大臣は永遠に佐藤栄作だろうと思っていました。私は一九六三（昭和三八）年生まれ。そのときは池田勇人首相でしたが、赤ん坊はそんなことは知りません。一九六四（昭和三九）年に佐藤内閣ができたので、初めて覚えた総理大臣の名は佐藤栄作。そうしたら、そのあといつまでも佐藤。一九七二（昭和四七）年の夏まで佐藤。大人にはそうでもないのでしょうが、子供にはものすごく長い期間でした。小学校三年生までずっと変わらなかったのですから。

田中角栄新総理が誕生したとき、当たり前のことには違いないのですが、ギクリとしました。変わってしまうなんて！　長いとはそういうことです。持続は力なり。この場合は幻覚と妄想を生む力なり。大人はいつか変わる変わるというけれど、それはウソなのではないか。

そうそう、読売ジャイアンツの九連覇もありました。一九六五（昭和四〇）年から一九七三（昭和四八）年まで、プロ野球のセントラル・リーグでは毎年、巨人軍が優勝し、日本シリーズでも負けませんでした。これも大人には人生の一時期の一コマだったのかもしれませんが、巨人軍の九連覇は、なぜか佐藤内閣とかなり被っており、私にはこれまた永遠という現象の発動のように感じられていたのです。一九七四（昭和四九）年に中日ドラゴンズが優勝したとき、私はセントラル・リーグで、初めて巨人軍以外のチームが第一位になったのを見ました。何にでも終わりが来るらしいと教えてくれたのは、私の場合は、たまたまの生まれ年のせいで、佐藤栄作と読売ジャイアンツだったのです。

しかし、それからもなおずっと終わらないものがありました。昭和です。昭和も六〇年代に入り、私はチェーホフの『桜の園』の登場人物、万年大学生のトロフィーモフを気取って、いつまでも大学生のつもりで、学部を卒業してからも、なお六年、大学院生をしていましたが、修士課程を終え、博士課程になっても、依然として昭和は続いていました。その頃読んだ荒俣宏の『帝都物語』も、いつまで経っても昭和が続いている筋書きになっていたと思います。

そこで私はよく計算をするようになりました。昭和天皇が長寿社会の「現人神」に相応しく、たとえば一〇〇歳まで生きて崩御となれば、昭和は二〇〇一年まで続く。私が比較的短命で三〇代のうちに逝けば、昭和に生まれ昭和に死す人生もありうる。だからどうしたのかと言われると困るのですが、要するに、何にでも終わりがあるには違いないけれど、佐藤栄作と巨人軍と違って、向こうが終わる前にこちらが終わる可能性をひしひしと感じさせるものが「巨大なる昭和」でした。

そんな昭和にもついに終わりの日が来ました。一九八九年一月。平成時代の到来。私は明治と大正と昭和のそれぞれの長さを考えました。明治は四五年と長く、大正は一五年と短く、昭和は六四年とまた長い。この三代を参考にして想像すると、平成はやはり短めではあるまいか。平らかに成るというくらいで、比較的のどかで調和のとれた間奏曲のような時代が続くのではないか。万年大学生の希望的観測です。

ところが、まるで違いました。平成は思いのほか長く、しかもたくさんの予期せぬ「終わり」を含んだ時代になりました。波乱波乱また波乱、混迷が混迷を、分裂が分裂を呼ぶ、荒み（すさ）の世になりました。

ソ連が終わり、バブルが終わり、高度成長も終わり、自民党長期政権も終わり、地下鉄サリン事件によって安全社会の神話も終わり、アメリカ一極支配も終わり、マグニチュード九の地震なんて日本近海では発生しないという神話も終わり、原子力発電所の安全神話も終わり、日本の四季の自然なめぐりも終わったかのようであります。戦後日本の繁栄が終わったとは言えないけれど終わりが見えてきたようでもあり、天皇が自らの意思で退位し、元号も崩御を伴わずに改まるという、天皇と元号の新しい終わり方まで示されました。しかしおそらく、始まったと言えるものは少ない。退却や後退や立ちすくみの時代だったのかもしれません。

といっても、平成はまだあまりに生々しく、距離を置いて見るには近過ぎる。そこで本書では、平成そのものの事象に突っ込んだところもありますが、明治・大正・昭和に遡って、歴史から平成を照射する仕方もずいぶんと使いました。小泉政権や安倍政権の経済政策や金融政策の話ではなく、井上準之助や高橋是清の話をするというような。平成そのものを見るのではなく、平成の見方を養う。一種の迂回戦術ですが、決して損はないと思います。

本書は、平成の終わりに相応しい一冊をという幻冬舎の小木田順子さんの熱意と、優れたライター、斎藤哲也さんの御助力によってできました。深く感謝します。

大正から昭和への移り変わりは、関東大震災の痛手が癒えぬうちに世界大恐慌に巻き込まれ、経済の恢復をはかって大陸での利権獲得にのめり込み、国際関係を悪化させ、ついに戦争となり、破局に至る、たいへんな時代となりました。

大正と重なるところも妙に多い平成のあとも、昭和初期のような困難が予想されます。それでも次の元号の時代に幸あれと願います。

二〇一八(平成三〇)年一一月

片山杜秀

［初出］
『小説幻冬』二〇一七年八月号〜二〇一八年六月号連載
「平成という時代」改題
第一〇章は書き下ろし

著者略歴

片山杜秀
かたやまもりひで

一九六三年、宮城県生まれ。
慶應義塾大学大学院法学研究科後期博士課程単位取得退学。
思想史家、音楽評論家。慶應義塾大学法学部教授。
専攻は近代政治思想史、政治文化論。
『音盤考現学』『音盤博物誌』(ともにアルテスパブリッシング、
吉田秀和賞とサントリー学芸賞受賞)、
『未完のファシズム』(新潮選書、司馬遼太郎賞受賞)、
『「五箇条の誓文」で解く日本史』(NHK出版新書)、
『平成史』(佐藤優氏との共著、小学館)など著書多数。

幻冬舎新書 525

平成精神史
天皇・災害・ナショナリズム

二〇一八年十一月三十日 第一刷発行

著者 片山杜秀
発行人 見城 徹
編集人 志儀保博

発行所 株式会社 幻冬舎
〒一五一-〇〇五一 東京都渋谷区千駄ヶ谷四-九-七
電話 〇三-五四一一-六二一一(編集)
〇三-五四一一-六二二二(営業)
振替 〇〇一二〇-八-七六七六四三

ブックデザイン 鈴木成一デザイン室

印刷・製本所 株式会社 光邦

GENTOSHA

Printed in Japan ISBN978-4-344-98526-1 C0295
か-24-1

幻冬舎新書

異端の人間学

五木寛之　佐藤優

欧米中心のヘゲモニーが崩れつつある今、ロシアを理解しなければ私達は生き残れない。この国を深く知る二人が、文学、政治経済、宗教他、あらゆる角度から分析。隣国の本性、新しい世界の動きとは。

日本の軍歌
国民的音楽の歴史

辻田真佐憲

軍歌は国民を戦争に動員する政府の道具であり、最も身近な国民の娯楽、レコード会社・新聞社・出版社にとっては、確実に儲かる商品だった。誕生から末路まで、史上最大の大衆音楽の引力に迫る。

ふしぎな君が代

辻田真佐憲

「なぜ、この歌詞が選ばれたのか」「誰が、作曲したのか」「いつ、国歌になったのか」「どのように、戦中・戦後を生き延びたのか」「なぜ、いまだ論争の的になるのか」など「君が代」の6つの謎を解き明かす。

大本営発表
改竄・隠蔽・捏造の太平洋戦争

辻田真佐憲

日本軍の最高司令部「大本営」。その公式発表は、戦果を5倍、10倍に水増しするのは当たり前。恐ろしいほどに現実離れした官僚の作文だった。今なお続く日本の病理。悲劇の歴史を繙く。